智力课堂

成语填字游戏

思维拓展游戏编委会◎编

吉林出版集团
吉林科学技术出版社

图书在版编目（C I P）数据

成语填字游戏 / 思维拓展游戏编委会编. -- 长春 :
吉林科学技术出版社, 2013.6（2021.1重印）
ISBN 978－7－5384－6854－0

Ⅰ. ①成… Ⅱ. ①思… Ⅲ. ①汉语－成语－儿童读物
Ⅳ. ①H136.3-49

中国版本图书馆CIP数据核字（2013）第098580号

成语填字游戏

编　思维拓展游戏编委会
出 版 人　李　梁
责任编辑　高小禹　周　禹
插图设计　徐葳娜　贺　娜　李　莹
封面设计　南关区涂图设计工作室
制　　版　南关区涂图设计工作室
开　　本　710mm × 1000mm　1/16
字　　数　200千字
印　　张　13
版　　次　2013年7月第1版
印　　次　2021年1月第2次印刷

出　　版　吉林出版集团
　　　　　吉林科学技术出版社
发　　行　吉林科学技术出版社
地　　址　长春市人民大街4646号
邮　　编　130021
发行部电话 / 传真　0431-85635177　85651759　85651628
　　　　　　　　　85677817　85600611　85670016
储运部电话　0431-84612872
编辑部电话　0431-85642539
网　　址　http://www.jlstp.com
印　　刷　北京一鑫印务有限责任公司

书　　号　ISBN 978-7-5384-6854-0
定　　价　29.80元
如有印装质量问题　可寄出版社调换

编者的话

成语是我国传统语言文化中一块流光溢彩的瑰宝。成语有固定的结构形式和说法，表示一定的意义，在语句中作为一个整体来应用。成语有很大一部分是从古代相承沿用下来的，在用词方面往往不同于现代汉语，它代表了一个故事或者典故。由于成语大都出自书面，在日常聊天或是登台讲演中使用它们不仅可以让语句言简意赅，更可以让听者感觉到你的文学修养和文化层次。既然掌握并使用成语这样有利于孩子今后的发展，那么要用什么方法让孩子学习呢？

作为一种语言形式，从小学习对于孩子以后的掌握和应用都有很大的好处。但刻板的教学方式和枯燥的学习方法难以让孩子们接受，这可急坏了望子成龙的家长们。不过现在家长们不用烦恼了，本书通过对幼儿园小朋友及小学生的调研，选取孩子最感兴趣的游戏形式，以成语为主要素材，将填字游戏与其巧妙结合，每天只需要几分钟，就能让他们在好玩的益智游戏中学习如何去巧妙地思考，轻松掌握平时看起来乏味难学的成语知识，既锻炼了脑力又丰富了自己的语言，随时随地可以出口成章。有了这本书，孩子们都在争着抢着学成语呢！

目 录

第一关

小试牛刀

例 1

横向

一、形容目光短浅，没有远见，只能看到眼前。

二、想用东西打老鼠，又怕打坏了近旁的器物。比喻做事有顾忌，不敢放手做。

三、抱着头，像老鼠那样惊慌逃跑。形容受到打击后狼狈逃跑。

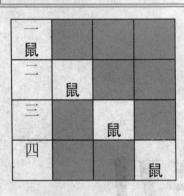

四、形容胆子小得像老鼠。

一 鼠			
二	鼠		
三		鼠	
四			鼠

答案

一 鼠	目	寸	光
二 投	鼠	忌	器
三 抱	头	鼠	窜
四 胆	小	如	鼠

例 2

横向

一、指细而密的小雨。

二、讽刺听话的人不懂对方说的是什么。用以讥笑说话的人不看对象。

三、形容怒气冲天或气势很盛。

四、比喻经过反复实践，掌握了事物的客观规律，做事得心应手，运用自如。

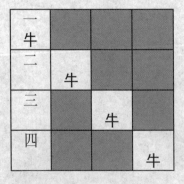

一 牛			
二	牛		
三		牛	
四			牛

答案

一 牛	毛	细	雨
二 对	牛	弹	琴
三 气	冲	牛	斗
四 庖	丁	解	牛

习题 1

横向

一、形容射箭或打枪准确，每次都命中目标。也比喻做事有充分把握。

二、形容诗文或书籍写得非常好，不论读多少遍也不感到厌倦。

三、在一百步远以外射中杨柳的叶子。形容箭法或枪法技术高超。

四、用各种方式使人在肉体上、精神上遭受痛苦。

一百			
二百			
三百			
四百			

习题 2

一百			
二百			
三百			
四百			

横向

一、指各种学术流派的自由争论互相批评。也指不同意见的争论。

二、形容百花盛开，丰富多彩。比喻各种不同形式和风格的艺术自由发展。也形容艺术界的繁荣景象。

三、各种感触交织在一起。形容感触很多，心情复杂。

四、许多被搁置的事情等着要兴办起来。

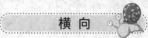

习题 3

横向

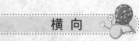

一、在极周密的考虑中偶然出现了一点疏忽。

二、将铁多次锻炼后才会得到钢，比喻经过长期锻炼，变得非常坚强。

三、一百个当中就挑出这一个来。形容人才出众。

四、即使有一百张嘴也辩解不清。形容不管怎样辩解也说不清楚。

一百			
二百			
三百			
四百			

习题 4

一百			
二百			
三百			
四百			

横向

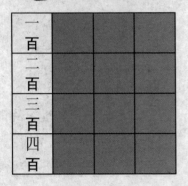

一、旧时指君主圣明而天下依附，后也比喻德高望重者众望所归。

二、夫妻永远和好之意。

三、指关系到长远利益的计划或措施。

四、一百年也碰不到一次。形容很少见到过或少有的机会。

习题 5

一		十	
二十			
三十			
四			十

横向

一、虽然是最容易生长的植物，晒一天，冻十天，也不可能生长。比喻学习或工作一时勤奋，一时又懒散，没有恒心。

二、十分完美，毫无欠缺。

三、十个指头连着心。表示身体的每个小部分都跟心有不可分的关系。比喻人与人或人与事之间有着密切的关联。

四、问一句回答很多句，形容所知甚多或口齿伶俐。

习题 6

一		十	
二十			
三十			
四十			

横向

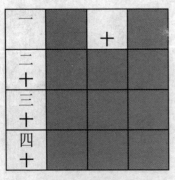

一、自以为得意傲慢的神情。形容摆出一副自以为高人一等而了不起的样子。

二、指罪恶极大，不可饶恕。

三、意思是设伏兵于十面以围歼敌军。

四、形容长年刻苦读书。

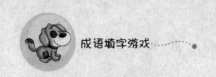

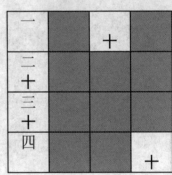

习题 8

一		九	
二		九	
三九			
四		九	

横向

一、一句话抵得上九鼎重。比喻说话力量大，能起很大作用。

二、原指宗教或学术上的各种流派。现指社会上各行各业的人。

三、九条牛身上的一根毛。比喻极大数量中极微小的数量。

四、比喻同胞兄弟品质、爱好各不相同。

习题 8

一九			
二九			
三九			
四九			

横向

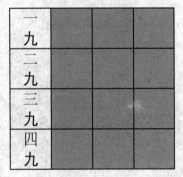

一、到天的最高处去摘月。常形容壮志豪情。

二、形容痛苦、忧虑、愁闷已经到了极点。

三、旧指帝王的尊位。

四、绕了不少圈子，最后又还了原。

习题 9

一九			
二九			
三		九	
四		九	

横向

一、形容经历很大危险而幸存。也形容处在生死关头，情况十分危急。

二、在九重天的外面。比喻无限远的地方或远得无影无踪。

三、十家有九家一无所有。形容人民大量死亡或逃亡后的荒凉景象。

四、比喻很有把握。

习题 10

一		八	
二		八	
三		八	
四		八	

横向

一、形容心里慌乱不安。

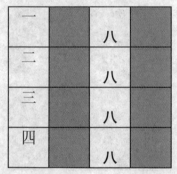

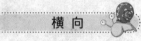

二、古时八两即半斤。一个半斤，一个八两。比喻彼此一样，不相上下。

三、比喻人极有才华。

四、四面八方都有路可通。形容交通极便利。也形容通向各方。

习题 11

横向

一、旧时朋友结为兄弟的关系。

二、相传八仙过海时不用舟船，各有一套法术。后以比喻各自拿出本领或办法，互相竞赛。

三、本指窗户明亮轩敞。后用来形容人处世圆滑，待人接物面面俱到。

四、形容各方面互通声气，互相配合。

一 八			
二 八			
三 八			
四 八			

习题 12

一 七			
二 七			
三 七			
四 七			

横向

一、指充分掌握主动，运用策略，有效地控制对方。

二、大家抢着说话，形容人多口杂。

三、气愤得好像耳目口鼻都要冒出火来。形容气愤到了极点。

四、指把零碎的东西拼凑起来。引申为胡乱凑合。

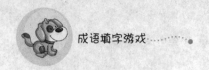

习题 13

一		六	
二	六		
三 六			
四 六			

横向

一、三个脑袋，六条胳臂。原为佛家语，指佛的法相，后比喻神奇的本领。

二、指等级和类别多，有种种差别。

三、道家认为人的心、肺、肝、肾、脾、胆各有神灵主宰，称为六神。形容惊慌着急，没了主意，不知如何才好。

四、形容不重天伦，不通人情，对亲属都不顾。有时也指对谁都不讲情面。

习题 14

一 五			
二 五			
三 五			
四 五			

横向

一、宋代窦禹钧的五个儿子相继及第，多用作结婚的祝福词或吉祥语。

二、唐史青能五步做出诗来。后用以比喻才思敏捷。

三、指读的书有五车之多形容学识丰富。

四、人体内脏器官的统称。也比喻事物的内部情况。

习题 15

一 五			
二 五			
三 五			
四 五			

横向

一、指京都富豪子弟。

二、五脏都像着了火一样，形容像火烧得一样。比喻非常焦急。

三、两手、两膝和头一起着地，是佛教一种最恭敬地行礼仪式。比喻佩服到了极点。

四、酸甜苦辣咸的合称。形容调味齐全适宜。

习题 16

一 五			
二 五			
三 五			
四 五			

横向

一、不能辨别五谷，形容脱离生产劳动，缺乏生产知识。

二、指年成好，粮食丰收。

三、指全国各地，有时也指世界各地。现有时也比喻广泛的团结。

四、先用绳索套住脖子，又绕到背后反剪两臂的绑人方式。

习题 17

一		五	
二 五			
三 五			
四 五			

横向

一、《大学》、《中庸》、《论语》、《孟子》和《诗》、《书》、《礼》、《易》、《春秋》儒家经典的合称。

二、形容色彩明亮鲜丽，花样繁多。

三、各种颜色繁多交错的样子。指颜色繁多，非常好看。

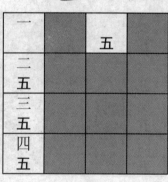

四、形容人高大粗壮，身材魁梧。

习题 18

一 五			
二	五		
三		五	
四		五	

横向

一、蛇、蝎、蜈蚣、壁虎、蟾蜍五种有毒的动物。指违法乱纪，各种坏事都做。

二、这边几个人一堆、那边几个人一堆聚在一起。

三、多次命令和告诫。

四、伏羲、神农、黄帝和少昊、颛顼、帝喾、尧、舜的合称。原为传说中我国远古的部落酋长，后借指远古时代。

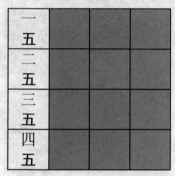

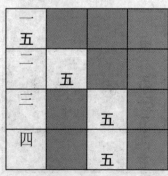

习题 19

一 四			
二 四			
三 四			
四 四			

横向

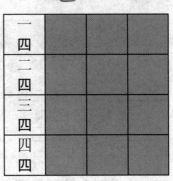

一、指人的两手两足，形容非常懒惰，不参加劳动。

二、原指帝王占有全国。后指志在四方，什么地方都可以当做自己的家。不留恋家乡或个人小天地。

三、原形容身体各部位匀称、结实。后常形容说话做事稳当。也形容做事只求不出差错，缺乏积极创新精神。

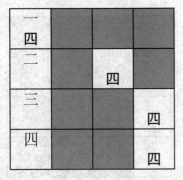

四、天下太平。

习题 20

一 四			
二		四	
三			四
四			四

横向

一、出自项羽被围困垓下，四面传来楚国的歌，比喻陷入四面受敌、孤立无援的境地。

二、俗指笔、墨、纸、砚的统称。

三、原指玩弄手法欺骗人。后用来比喻常常变卦，反复无常。

四、形容做事马虎粗心，不是丢了这个，就是忘了那个。

习题 21

一		四	
二		四	
三		四	
四		四	

横向

一、比喻统统包罗在内，统一全国。

二、古代边防报警时烧狼粪腾起的烟。四处都是报警的烟火，指边疆不平静。

三、形容室内空无一物。比喻贫穷。

四、到处隐藏着危险的祸根。

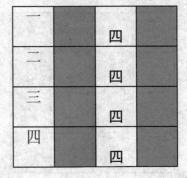

习题 22

一 三			
二		三	
三		三	
四		三	

横向

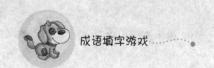

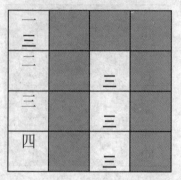

一、虽然只有几户人家，也能灭掉秦国。比喻正义而暂时弱小的力量，有必胜信心。

二、编连竹简的皮绳断了三次。比喻读书勤奋。

三、松、竹经冬不凋，梅花耐寒开放，因此人们总把这三者合称。

四、主动退让九十里。比喻退让和回避，避免冲突。

习题 23

横向

一、刘备为请诸葛亮，三次到草庐中去拜访他。后用此典故表示帝王对臣下的知遇之恩。也比喻诚心诚意地邀请或过访。

二、在嘴上贴了三张封条，形容说话谨慎。现在也用来形容不肯或不敢开口。

三、资格最老，声望最高的老臣。原指受三世皇帝重用的臣子。现在用来指在一个机构里长期工作过的资格老的人。

四、指人在三十岁前后有所成就。

一 三			
二 三			
三 三			
四 三			

习题 24

一 三			
二		三	
三		三	
四		三	

横向

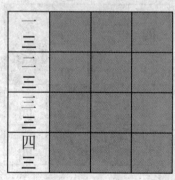

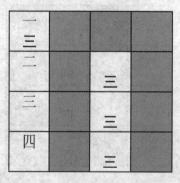

一、佛家指前生、今生、来生三世都很幸运。比喻非常幸运。

二、孟轲的母亲为选择良好的环境教育孩子，三次迁居。

三、相传王羲之在木板上写字后，木工雕刻时，发现字迹透入木板三分深。形容书法极有笔力。现多比喻分析问题很深刻。

四、一夜分为五更，三更是午夜十二时。

习题 25

一	二		
二		二	
三		二	
四		二	

横向

一、指将两者合为一个整体。

二、扔一颗石子打到两只鸟。比喻做一件事情得到了两样好处。

三、天上没有两个太阳。一国不能同时有两个国君。比喻凡事应统一，不能两大并存。

四、又想这样又想那样，犹豫不定。常指不安心，不专一。

习题 26

一 一			
二 一			
三		一	
四		一	

横向

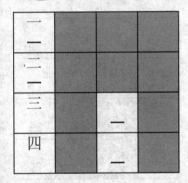

一、一叫就使人震惊。比喻平时没有突出的表现，一下子做出惊人的成绩。

二、比喻一个不漏地全部抓住或彻底肃清。

三、凭借武力割占一个地区，与中央政权对立。

四、季布的承诺。比喻极有信用，不食言。

习题 27

一		一	
二		一	
三		一	
四		一	

横向

一、比喻美好的事物或景象出现了一下，很快就消失。

二、大海里的一粒谷子。比喻非常渺小。

三、本指棋艺，后比喻技术高人一等，对方无法施展本领。

四、唐时的崔沆、崔瀣。比喻臭味相投的人结合在一起。

习题 28

一		一	
二		一	
三		一	
四		一	

横向

一、只剩下一口气。形容临近死亡。

二、孤孤单单一个人。

三、扳指头计算，首先弯下拇指，表示第一。引申为最好的。

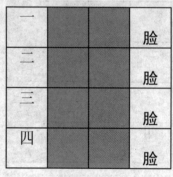

四、形容佯作进攻，以便退却。

习题 29

一			脸
二			脸
三			脸
四			脸

横向

一、形容嬉笑不严肃的样子。

二、形容厚着脸皮，胡搅蛮缠。

三、皱着眉头，哭丧着脸，形容忧愁、苦恼、焦虑不安的神情。

四、有面子；头面人物。

习题 30

一 头			
二	头		
三		头	
四			头

横向

一、头打破了，血流满面。多用来形容惨败。

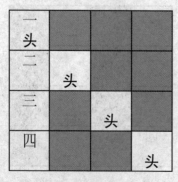

二、指从困厄、冤屈、压抑的处境中摆脱出来的日子。

三、因胜利而头脑发热，不能冷静思考和谨慎行事。

四、头脑发胀，脚下无力。形容身体不适。也比喻基础不牢固。

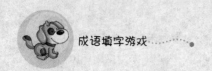

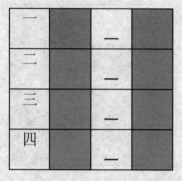

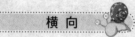

习题 31

一		头	
二 头			
三 头			
四	头		

横向

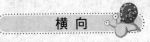

一、面临生死的考验，指极其紧要的契机或时刻。

二、头脑昏晕，眼睛发花。

三、头发昏，眼发花，感到一切都在旋转。

四、形容畏缩不前，或胆小不敢出头。

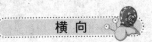

习题 32

一	头		
二	头		
三	头		
四	头		

横向

一、比喻没有目标乱闯乱碰的人。

二、除去前头后头两部分，也比喻除去没有用的部分。

三、比喻事情的开端，头绪非常多。也形容事情复杂纷乱。

四、从头到尾，全部，十足的意思。

习题 33

一	头		
二	头		
三	头		
四	头		

横向

一、低着头，辛苦工作，指专心刻苦工作。

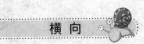

二、有名无实的，不能兑现，即取不到钱的支票。比喻不准备实现的诺言。

三、夫妻相亲相爱，一直到老。

四、迎头一棍子。比喻受到严重警告或突然的打击。

习题 34

一	头		
二	头		
三	头		
四	头		

横向

一、形容许多人聚集在一起。

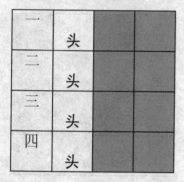

二、多方面同时前进。多形容几件事情或几项工作同时进行。

三、露出头和面孔，原指妇女出现在大庭广众之中。现指公开露面。

四、头发蓬乱，脸上很脏。旧时形容贫苦人生活条件很坏的样子。也泛指没有修饰。

习题 35

一		头	
二	头		
三 头			
四	头		

横向

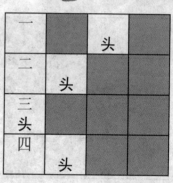

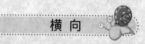

一、头上的角已明显地突出来了。指初显优异的才能。

二、正对着头和脸盖下来。形容（打击、冲击、批评等）来势很猛。

三、指道无所不在。后多形容说话做事很有条理。

四、指体形高大的马。也比喻人的体形高大。

习题 36

一	面		
二 面			
三			面
四			面

横向

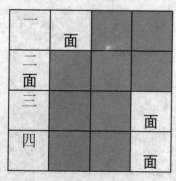

一、面貌虽然是人，但心肠像野兽一样凶狠。形容为人凶残卑鄙。

二、脸色发黄，身体消瘦。形容人营养不良或有病的样子。

三、指平素没有见过面。

四、众多人一个脸谱。多用以讥讽文艺创作上的雷同。

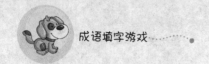

习题 37

一			面
二			面
三			面
四			面

横向

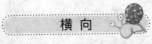

一、把捕禽的网撤去三面，只留一面。比喻采取宽大态度，给人一条出路。

二、迷信传说中的两个鬼卒，一个头像牛，一个头像马。比喻各种丑恶的人。

三、眼泪流了一脸。形容极度悲伤。

四、清除旧思想，改变旧面貌。比喻彻底悔改。

习题 38

一 面			
二	面		
三		面	
四			面

横向

一、脸色不变。形容从容镇静的样子。

二、脸朝上平卧或身向后摔倒的样子。

三、原为佛家语，指人的本性。后多比喻事物原来的模样。

四、原指人的容貌发生了改变。现多比喻只改外表和形式，内容实质不变。

习题 39

一	面		
二	面		
三	面		
四	面		

横向

一、本指窗户明亮宽敞。后用来形容人处世圆滑，待人接物面面俱到。

二、比喻面子丧失的干干净净。

三、比喻浮夸或不切实际，敷衍的做法。

四、形容公正严明，不怕权势，不讲情面。

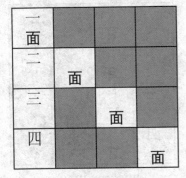

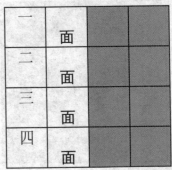

习题 40

一			耳
二			耳
三		耳	
四 耳			眼

横向

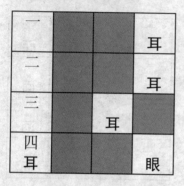

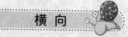

一、隔着一道墙，也有人偷听。比喻即使秘密商量，别人也可能知道。也用于劝人说话小心，免得泄露。

二、一个肥胖的脑袋，两只大耳朵。形容体态肥胖，有时指小孩可爱。

三、脸和耳朵都红了。形容因激动或羞惭而脸色发红。

四、耳朵经常听到，眼睛经常看到，不知不觉地受到影响。

习题 41

横向

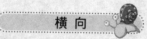

一、偷铃铛怕别人听见而捂住自己的耳朵。比喻自己欺骗自己，明明掩盖不住的事情偏要想法子掩盖。

二、口说耳听地往下传授。

三、洗干净耳朵恭恭敬敬听别人讲话。请人讲话时的客气话。指专心地听。

四、塞住耳朵不听。形容有意不听别人的意见。

一	耳		
二	耳		
三	耳		
四	耳		

习题 42

一 耳			
二 耳			
三 耳			
四 耳			

横向

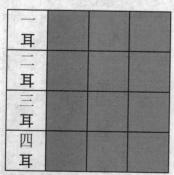

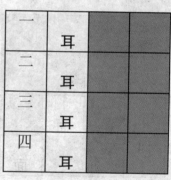

一、指为别人打探消息的人。也指为刺探情报的人很多。

二、指听得多了，能够说得很清楚、很详细。

三、不仅是当面告诉他，而且是提着他的耳朵向他讲。形容长辈教导热心恳切。

四、亲耳听到，亲眼看见。

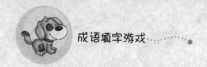

习题 43

一 眼			
二 眼			
三 眼			
四 眼			

横向

一、火烧眉毛那样紧急。形容事情非常急迫。

二、眼睛都要望穿了。形容盼望殷切。

三、犹如横眉怒视。形容怒目相视，态度凶狠的样子。

四、形容人的眼光锐利，能够识别真伪。

习题 44

一 眉			
二	眉		
三		眉	
四 眉			

横向

一、形容人得意兴奋的样子。

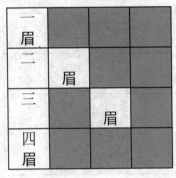

二、扬起眉头，吐出怨气。形容摆脱了长期受压状态后高兴痛快的样子。

三、形容事情已到眼前，情势十分紧迫。

四、形容忧愁烦闷的样子。

习题 45

一 眉			
二	眉		
三		眉	
四			眉

横向

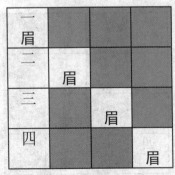

一、眉毛和眼睛，泛指容貌。形容人容貌清秀不俗气。

二、形容人的容貌一副善良的样子。

三、喜悦的心情从眉眼上表现出来。

四、送饭时把托盘端得跟眉毛一样高。后形容夫妻互相尊敬。

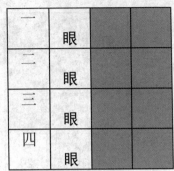

习题 46

一	眼		
二	眼		
三	眼		
四			眼

横向

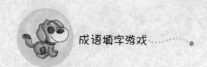

一、指不参与其事，站在一旁看事情的发展。

二、像烟云在眼前一晃而过。比喻事物很快就成为过去。也比喻身外之物，不必重视。

三、形容睡觉的人刚睡醒，还没有完全清醒。

四、在大家面前丢脸，出丑。

习题 47

一			眼
二			眼
三			眼
四			眼

横向

一、具有独到眼光，高明的见解。

二、又黑又密的眉毛，大大的眼睛。形容眉目有神的人。

三、用眼睛、眉毛示意。

四、故意装糊涂蒙骗人。

习题 48

一		眼	
二		眼	
三		眼	
四		眼	

横向

一、极大地开阔了视野，增长了见识。

二、眉头舒展，眼含笑意。形容高兴愉快的样子。

三、形容用眉眼传情。

四、头脑昏晕，眼睛发花。

习题 49

一	眼		
二	眼		
三	眼		
四	眼		

横向

一、眼睛都要望穿了。形容盼望殷切。

二、两眼充满泪水。

三、指尘世平常的人。

四、比喻善于钻营，手腕不寻常，也指手段高明，能指使有权有势的人为自己办事。

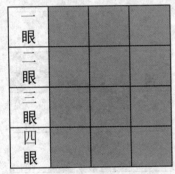

习题 50

一 眼			
二 眼			
三 眼			
四 眼			

横向

一、看得准，动作敏捷，形容做事机警敏捷。

二、看着复杂纷繁的东西而感到迷乱。也比喻事物复杂，无法辨清。

三、眼睛看到四面八方。形容机智灵活，遇事能多方观察，全面了解。

四、指要求的标准很高，但实际上自己也做不到。

习题 51

一	鼻		
二 鼻			
三			鼻
四	鼻		

横向

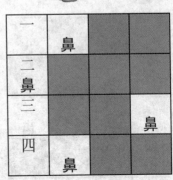

一、捂着鼻子走过去。形容对腥臭肮脏的东西的嫌恶。

二、仰起头来鼻孔朝天。形容高傲自大。

三、比喻听凭别人摆布。

四、捂住鼻子去偷点燃的香。比喻自己欺骗自己。

习题 52

一		鼻	
二		鼻	
三鼻			
四			鼻

横向

一、比喻一个学术流派、技艺的开创者。

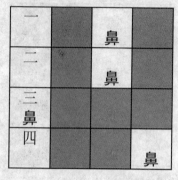

二、依赖别人的呼吸来生活，比喻依赖别人，不能自主。

三、鼻子发青，脸部肿起。形容脸部伤势严重。

四、用鼻子吭声冷笑。表示轻蔑。

习题 53

一			舌
二舌			
三			舌
四			舌

横向

一、形容人多口杂。

二、指同很多人辩论，并驳倒对方。

三、舌头不能转动，张着嘴说不出话来。形容理屈词穷，或因紧张害怕而发愣。

四、形容说话油滑，耍嘴皮子。

习题 54

一			齿
二	齿		
三			齿
四齿			

横向

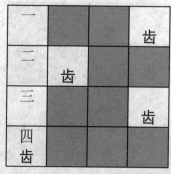

一、哪里值得挂在嘴上。不值得一提的意思。

二、谈吐伶俐，应付自如。形容口才好。

三、咬紧牙齿，表示痛恨。形容极端仇视或痛恨，也形容把某种情绪或感觉竭力抑制住。

四、嘴边觉有香气生出。形容谈及之事使人产生美感。

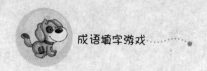

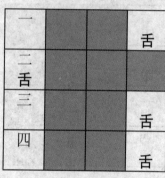

习题 55

一 唇			
二 唇			
三 唇			
四 唇			

横向

一、嘴唇没有了，牙齿就会感到寒冷。比喻利害密切相关。

二、像嘴唇和牙齿那样互相依靠。比喻关系密切，相互依靠。

三、舌如剑，唇像枪。形容辩论激烈，言词锋利，像枪剑交锋一样。

四、嘴唇红，牙齿白。形容人容貌俊美。

习题 56

一			胸
二			胸
三			胸
四	胸		

横向

一、抬起头，挺起胸膛。形容斗志高，士气旺。

二、画竹之前竹的全貌已在胸中想好。比喻在做事之前已经拿定主意。

三、胸中充满了愤怒。形容愤怒到了极点。

四、敲胸口，跺双脚。形容非常懊丧或非常悲痛。

习题 57

一 背			
二 背			
三			背
四			背

横向

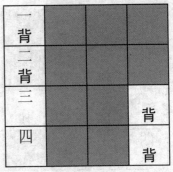

一、离开黑暗，投向光明。比喻在政治上脱离反动阵营，投向进步方面。

二、违背诺言，不讲道义。

三、原形容书法遒劲有力。后形容诗文立意深刻，词语精练。

四、汗流得满背都是。形容非常恐惧和害怕。现也形容出汗很多，背上的衣服都湿透了。

习题 58

一	背		
二			背
三 背			
四 背			

横向

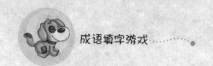

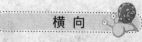

一、把书或文章倒过来背，背得像流水一样流畅。形容背得非常熟练，记得非常牢。

二、汗流得满背都是，形容非常恐惧或非常害怕。也形容出汗很多，背上的衣服都湿透了。

三、背向水，没有退路。比喻与敌人决一死战。

四、古制八家为井，引申为乡里，家宅。指离开家乡到外地。

习题 59

一	腹		
二			腹
三			腹
四 腹			

横向

一、形容肥胖的样子。

二、吃不饱肚子。形容生活贫困。

三、一肚子委屈、不满的情绪。

四、指前方和后方都受到敌人的攻击。

习题 60

一		腹	
二	腹		
三			腹
四	腹		

横向

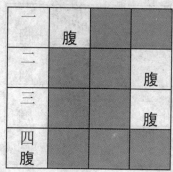

一、嘴上说的很甜美，心里却怀着害人的主意。形容两面派的狡猾阴险。

二、许多弄不清的问题。形容心里充满了疑问。

三、把赤诚的心交给人家。比喻真心待人。

四、用手捂住肚子大笑。形容遇到极可笑之事，笑得不能抑制。

习题 61

一			腰
二	腰		
三	腰		
四			腰

横向

一、比喻虚假的恭敬或过分的客气。

二、弯着腰，捂着肚子，形容大笑的样子。

三、形容美人的细腰，曲线玲珑。

四、形容人身体魁梧健壮。

习题 62

一			膝
二	膝		
三	膝		
四			膝

横向

一、奴才的脸，满面谄媚相；侍女的膝，常常下跪。指表情和动作奴才相十足。形容对人拍马讨好无耻的样子。

二、膝碰膝，坐得很近。形容亲密地谈心里话。

三、形容居室的狭窄。

四、低头弯腰，屈膝下跪。形容没有骨气，低声下气地讨好奉承。

习题 63

一		足	
二		足	
三			足
四			足

横向

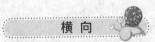

一、微小得很，不值得一提。指意义、价值等小得不值得一提。

二、形容不怕死或死得没有价值。

三、一抬手，一动脚。形容轻而易举，毫不费力。

四、原指轻浮地议论妇女的容貌。现也比喻任意挑剔。

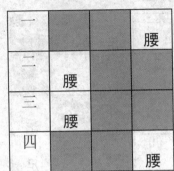

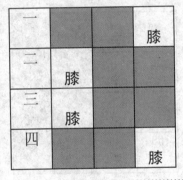

习题 64

一	足	■	■
二	■	足	■
三	■	■	足
四	■	■	足

横向

一、站脚的地方，比喻容身的处所。

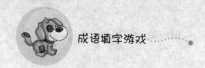

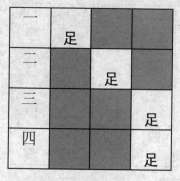

二、两手舞动，两只脚也跳了起来。形容高兴到了极点。手乱舞、脚乱跳的狂态。

三、自以为得意傲慢的神情。摆出一副自以为高人一等了不起的样子。

四、大体很好，但还有不足。

习题 65

横向

一、不值得忧虑担心。

二、不值得放在嘴上讲。表示不值得一提。

三、因为鞋小脚大，就把脚削去一块来凑合鞋的大小。比喻不合理的迁就凑合或不顾具体条件，生搬硬套。

四、不值得奇怪。指某种事物或现象很平常，没有什么奇怪的。

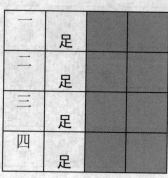

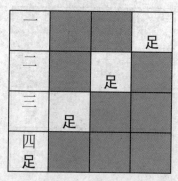

一	足	■	■
二	足	■	■
三	足	■	■
四	足	■	■

习题 66

一	■	■	足
二	■	足	■
三	足	■	■
四 足	■	■	■

横向

一、依靠自己的生产，满足自己的需要。

二、穿的吃的都很丰富充足。形容生活富裕。

三、比喻三方面实力相当，相互对立的局势。

四、脚不跨出家门。

习题 67

一 手			
二	手		
三		手	
四			手

横向

一、手里没有任何武器。

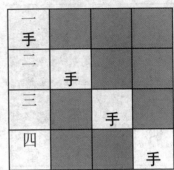

二、往手上吐唾沫就可以取得。比喻极容易得到。

三、指为了达到目的，什么手段都使得出来。

四、恳求人原谅或饶恕的话。意思是您一抬手我就过去了。

习题 68

一			手
二		手	
三	手		
四 手			

横向

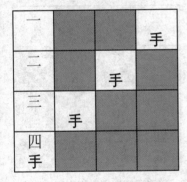

一、下棋遇到对手。比喻争斗的双方本领不相上下。

二、眼力过高，手法过低。指要求的标准很高（甚至不切实际），但实际上自己也做不到。

三、形容在没有基础和条件很差的情况下自力更生，艰苦创业。

四、比喻兄弟的感情。

习题 69

一		电	
二 电			
三 电			
四		电	

横向

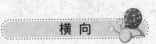

一、形容事物像闪电和石火一样一瞬间就消逝。

二、闪电飞光，雷声轰鸣，比喻快速有力，也比喻轰轰烈烈。

三、如电光之照耀，如风之流动。比喻影响甚大。

四、形容非常迅速，像风吹电闪一样。

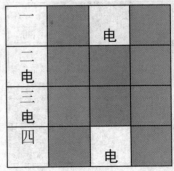

习题 70

一 雷			
二 雷			
三		雷	
四			雷

横向

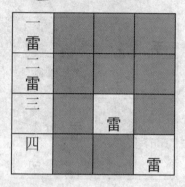

一、形容态度坚定，不可动摇。也形容严格遵守规定，决不变更。

二、又是打雷，又是闪电。两种事物同时或错杂出现。

三、比喻不敢超越一定的范围和界限。

四、熟睡时发出的鼻息声。形容睡得很深，鼾声很大。

习题 71

一			雷
二		雷	
三	雷		
四 雷			

横向

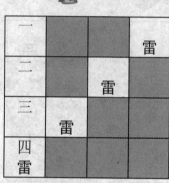

一、急怒叫跳，像打雷一样猛烈。形容又急又怒，大发脾气的样子。

二、比喻大发脾气，大声斥责。

三、响亮得像雷声传进耳朵里。形容人的名声大。

四、古代重量单位，三十斤为一钧。形容威力极大，无法阻挡。

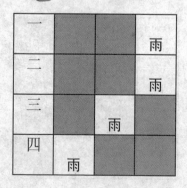

习题 72

一			雨
二			雨
三		雨	
四	雨		

横向

一、寒冷的风，冰冷的雨，形容天气恶劣。后用来比喻境遇悲惨凄凉。

二、指客居异地又逢夜雨缠绵的孤寂情景。

三、风雨及时适宜。形容风雨适合农时。

四、天还没有下雨，先把门窗绑牢。比喻事先做好准备工作。

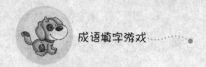

习题 73

一			雨
二		雨	
三	雨		
四 雨			

横向

一、城里到处刮风下雨。原形容重阳节前的雨景。后比喻某一事件传播很广，到处议论纷纷。

二、汗珠像下雨似的往下掉。形容出汗很多。

三、比喻局势有重大变化前的迹象和气氛。

四、雨后天色碧青。指天蓝的颜色。

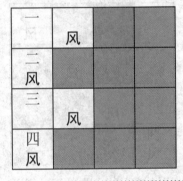

习题 74

一	风		
二 风			
三	风		
四 风			

横向

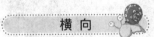

一、旧时形容考中进士后的兴奋心情。后形容职位升迁顺利。

二、风里吃饭，露天睡觉。形容旅途或野外工作的辛苦。

三、风和影子都是抓不着的。比喻说话做事丝毫没有事实根据。

四、和风习习，阳光灿烂。形容晴朗暖和的天气。

习题 75

一		风	
二		风	
三		风	
四		风	

横向

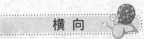

一、旧指有声望地位的名门贵族特有的气派。

二、损伤美好的景致。比喻败坏兴致。

三、形容经历过长期的艰难困苦的生活和斗争。

四、原指美好的口味，引申为事物的特色。比喻事物所另外具有的特殊色彩或趣味。

习题 76

一			风
二			风
三			风
四			风

横向

一、甘心诚服他人，自觉居于下位。

二、比喻消息和谣言的传播不是完全没有原因的。也比喻流言乘机传播开来。

三、比喻人喜悦舒畅的表情。形容和蔼愉快的面容。

四、形容身体娇弱，连风吹都经受不起。

习题 77

一			风
二		风	
三 风			
四 风			

横向

一、各个方面都很威风。形容神气足，声势盛。

二、像雷那样猛烈，像风那样快。比喻执行政策法令严厉迅速，也形容办事声势猛烈，行动迅速。

三、有仙人的风度，道者的气概。形容人的风度神采与众不同。

四、指没有风浪。比喻平静无事。

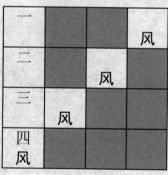

习题 78

一 雪			
二			雪
三	雪		
四	雪		

横向

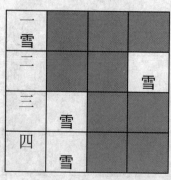

一、下雪天送炭给人。比喻在他人急需时给予及时的帮助。

二、像鹅毛一样的雪花。形容雪下得大而猛。

三、比喻人聪明非凡。

四、洁白的积雪银光耀眼，多用来形容霜雪。

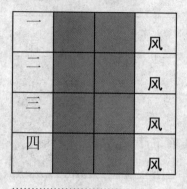

习题 79

一			雪
二 雪			
三		雪	
四			雪

横向

一、原指战国时代楚国的歌曲名，属于一种艺术性较高的音乐。比喻高深的不通俗的文学艺术。

二、比喻人聪明非凡。

三、 报冤仇，除旧恨。

四、在大雪中站在老师门外，指学生恭敬受教。比喻尊师，求学心切。

习题 80

一 雾			
二		雾	
三 雾			
四			雾

横向

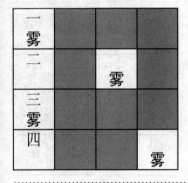

一、原形容年老视力差，看东西模糊，后比喻看事情不真切。

二、像烟云消散一样。比喻事物消失得干干净净。

三、比喻众多的事物迅速出现。

四、形容暗淡无光的景象。多比喻令人忧愁苦闷的局面。

习题 81

一		云	
二	云		
三		云	
四 云			

横向

一、形容声音响亮，好像可以穿过云层，直达高空。

二、飘浮的云，野生的鹤。旧指生活闲散、脱离世事的人。

三、形容山或建筑物很高，都进了云端。

四、像云霞升腾聚集起来。形容景物灿烂绚丽。

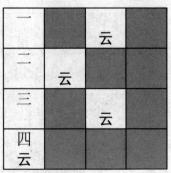

习题 82

一			云
二			云
三			云
四			云

横向

一、指人一下子升到很高的地位上去。

二、一声呼喊、怒喝，可以使风云翻腾起来。形容威力极大。

三、不知道说得是什么。形容说话内容混乱，无法理解。

四、湛湛蓝天，没有一丝云彩。形容天气晴朗。

习题 83

横向

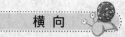

一、拨开乌云见到太阳。比喻冲破黑暗见到光明。也比喻疑团消除，心里顿时明白。

二、传说中指会法术的人乘云雾飞行，后形容奔驰迅速或头脑发昏。

三、原形容道士修炼养气，不吃五谷，后形容人吸烟。

四、人家怎么说，自己也跟着怎么说。没有主见，只会随声附和。

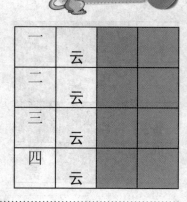

一	云		
二	云		
三	云		
四	云		

习题 84

一			星
二	星		
三 星			
四	星		

横向

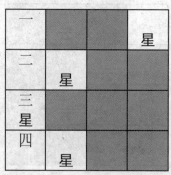

一、亮晶晶的就像天上众多的星星。比喻才能出众的人很多。

二、旧时相信星学的人认为，人的命运与星的位置及运行有关，吉祥的星辰照耀自己，一切随心、顺利。

三、像天空的星星和棋盘上的棋子那样分布着。形容数量很多，分布很广。

四、身披星星，头戴月亮。形容连夜奔波或早出晚归，十分辛苦。

习题 85

一 星			
二	星		
三		星	
四			星

横向

一、一点儿小火星可以把整个原野烧起来。常比喻新生事物开始时力量虽然很小，但有旺盛的生命力，前途无限。

二、形容极少的样子。

三、星斗变动位置。指季节或时间的变化。

四、形容步子跨得大，走得快。

习题 86

一	月		
二			月
三 月			
四			月

横向

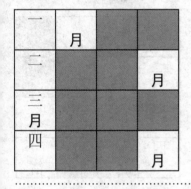

一、六月飘落霜雪，旧时用来比喻有冤狱冤情。

二、产于江淮间的水牛望见月亮以为是太阳，因惧怕酷热而不断喘气，比喻因疑心而害怕。

三、原指主管婚姻的神仙，后泛指媒人。简称“月老”。

四、旧指文人写作或朗诵以风月等自然景色为题材的作品。现多形容作品空虚无聊。

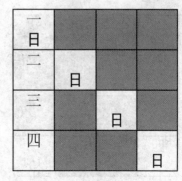

习题 87

一 日			
二	日		
三		日	
四			日

横向

一、时间长，日子久。

二、每天多次地自我反省。

三、江河的水一天天地向下流。比喻情况一天天地坏下去。

四、晚上连着白天。形容抓紧时间工作或学习。

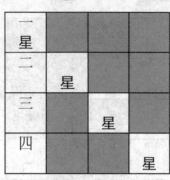

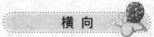

习题88

一 日			
二	日		
三		日	
四			日

横向

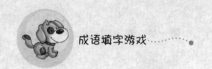

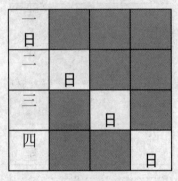

一、形容太阳升得很高，时间不早了。也形容人起床太晚。

二、原形容马跑得很快，一天能行千里。后比喻进展极快。

三、过去的时间太久了，形容时间久远。

四、比喻社会黑暗，见不到一点光明。

习题89

横向

一、鸟没有了，弓也就藏起来不用了。比喻事情成功之后，把曾经出过力的人一脚踢开。

二、被弓箭吓怕了的鸟不容易安定。比喻经过惊吓的人碰到一点动静就非常害怕。

三、想回家的心情像射出的箭一样。形容回家心切。

四、时间如箭，迅速流逝。形容时间过得极快。

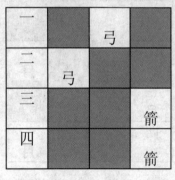

一		弓	
二	弓		
三			箭
四			箭

习题90

一 剑			
二	斧		
三		炮	
四			枪

横向

一、剑拔出来了，弓张开了。形容气势逼人或形势紧张，一触即发。

二、像是鬼神制作出来的。形容艺术技巧高超，不是人力所能达到的。

三、用糖衣裹着的炮弹。比喻经过巧妙伪装使人乐于接受的进攻性手段。

四、到了快要上阵打仗的时候才磨刀擦枪。比喻事到临头才匆忙准备。

第二关

初出茅庐

例 1

一 班		3 弄		■	■	6 不	■
■	■	二 巧					8 正
■	三 2				■		
■			■	四4 乘			
1 百	五 两				5 侯	7 劳	
		■	■	六 破			
七 百							■
	■	八 人					■

答案

一 班	门	3 弄	斧	■	■	6 不	■
■	■	二 巧	立	名	目	了	8 正
■	三 2 一	成	不	变	■	了	襟
■	刀	拙	■	四 4 乘	人	之	危
1 百	五 两	袖	清	风	5 侯	7 劳	坐
战	断	■	■	六 破	门	而	入
七 百	里	挑	一	浪	似	无	■
胜	■	八 人	山	人	海	功	■

横向

一、在鲁班门前舞弄斧子。比喻在行家面前卖弄本领，不自量力。

二、变着法定出一些名目来达到某种不正当的目的。

三、一旦形成，不再改变。

四、乘人家危难的时候去威胁损害。

五、衣袖中除清风外，别无所有。比喻做官廉洁。也比喻穷得一无所有。

六、砸开门进去。多指盗贼行为。

七、一百个当中就挑出这一个来。形容才能出众。

八、人群如山似海。形容人聚集得非常多。

纵向

1. 每战必胜。形容所向无敌。
2. 一刀斩为两断。比喻坚决断绝关系。
3. 本想要弄聪明，结果做了蠢事。
4. 船只乘着风势破浪前进。比喻排除困难，奋勇前进。
5. 王公贵族的门庭像大海那样深邃。旧时豪门贵族、官府的门禁森严，一般人不能轻易进入。也比喻旧时相识的人，后因地位悬殊而疏远。
6. 用不了结的办法去了结。指把事情放在一边不管，就算完事。
7. 花费了力气，却没有收到成效。
8. 整一整衣服，端正地坐着。形容严肃或拘谨的样子。

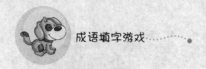

例 2

一 1 粗			5 饭	■	■	■	■
	■	■	二 来				■
	3 因	■	三 张	6 口			■
2 叶	四 祸				■	7 三	■
		五 4 力					8 据
			■	六 言			
	■	七 从					
■	■	八 心				■	

答案

一 1 粗	茶	淡	5 饭	■	■	■	■
枝	■	■	二 来	者	不	善	■
大	3 因	■	三 张	6 口	结	舌	■
2 叶	四 祸	从	口	出	■	7 三	■
公	得	五 4 力	挽	狂	澜	生	8 据
好	福	不	■	六 言	之	有	理
龙	■	七 从	长	计	议	幸	力
■	■	八 心	旷	神	怡	■	争

横向

一、形容饮食简单，生活简朴。

二、对于有所求而来的人或送上门来的东西概不拒绝。

三、张着嘴说不出话来。形容理屈词穷，或因紧张害怕而发愣。

四、灾祸从口里产生出来。指说话不谨慎容易惹祸。

五、比喻竭尽全力去挽回十分危险的局势。

六、说的话有道理。

七、用较长的时间慎重考虑、仔细商量。

八、心境开阔，精神愉快。

纵向

1. 画树木粗枝大叶，不用工笔。比喻工作粗糙，不认真细致。
2. 比喻口头上说爱好某事物，实际上并不真爱好。
3. 变坏事为好事，常用来比喻虽然遭遇灾难，却意外得到好处。
4. 心里想做，可是力量够不上。
5. 指吃现成饭。形容不劳而获，坐享其成。
6. 嘴里说出狂妄自大的话。指说话狂妄、放肆。也指胡说八道。
7. 三世都很幸运。比喻非常幸运。
8. 依据道理，竭力维护自己方面的权益、观点等。

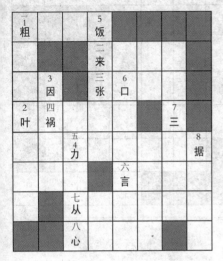

习题 91

一 甘			二 分	6			■
1 光	三 柔		5 克	四 刚			
五 天	3 道				■	■	■
		4 单		7 柔	■	■	■
2 日					■	8 功	■
		六 匹					■
	■		七 遐				■
	■	■	■	八 不			

横向

一、甘受贫困，遵守本分。

二、形容景色异常艳丽。

三、指以柔弱的手段能够制服刚强的人。

四、自以为是。十分固执自信，不考虑别人的意见。

五、指上天会酬报勤奋的人，付出的努力一定会有所回报。

六、百姓本没有罪，因身藏璧玉而获罪。原指财宝能致祸。后亦比喻有才能、有理想而受害。

七、形容名声很大，远近都知道。

八、不知道内幕。

纵向

1. 原形容太平盛世。后比喻大家看得非常清楚的场合。
2. 日和月像穿梭似地运行。比喻光阴过得快。
3. 人们在路上相遇，只是相互看看，心里有怒怨，可什么话也不敢说。形容反动统治暴虐，社会上没有言论自由。
4. 作战时单身上阵，冒险直进，比喻做事单独行动，没有人帮助。
5. 既能勤劳，又能节俭。
6. 外表刚强而内在柔弱。
7. 怀柔远方，安抚内地。
8. 功绩取得了，名声也有了。

脑筋急转弯

小志把桶里的豆分成2份，分了之后却见不到1粒豆，这是怎么回事？

答案：因为桶里只有1粒豆，分成一半后自然见不到整粒的豆了。

一 饥		3 饿		二 丧	6 家		
1 碎	■		4 村	■		■	■
三 尸				5 匹		■	■
	■		四 匹		7 有		■
	2 乌	■				8 先	■
■	五 散						■
■		■	六 争				■
七 堤				八 归			

习题 92

面

横向

一、比喻凶残贪婪。

二、无家可归的狗。比喻无处投奔，到处乱窜的人。

三、尸体到处横着。形容死者极多。

四、国家大事每个人都有责任。

五、原指没有统帅的逃散士兵。现指没有组织的集体队伍里独自行动的人。

六、抢着向前，唯恐落后。

七、小小的蚂蚁窝，能够使堤岸溃决。比喻小事不注意，就会出大乱子。

八、归结到根本上。

纵向

1. 对罪大恶极者予以严厉的惩罚。
2. 像鸟惊飞，像鱼溃散而逃。形容军队因受惊扰而乱纷纷地四下溃散。
3. 饿死的人到处都是。形容老百姓大批饿死的悲惨景象。
4. 旧指没有知识、没有地位的人。
5. 指不用智谋单凭个人的勇气行事的行为。
6. 家家都有。
7. 因为有所依仗而毫不害怕，或毫无顾忌。
8. 按照来到的先后确定次序。

脑筋急转弯

有一位新人长得像刘德华，动作像成龙，走起路来像周润发，为什么见过这位新人的制片商都不肯录用呢？

答案：她是个女的。

习题 93

一 拔	2 十			二 齐			
1 推		■	4 天	6 自		■	7 膏
三 崇			四 外				
		■				■	
	■	3 贫	5 天	五 息			8 游
■	■			六 鲜			
■	七 贫				■	■	
■	■		八 乐				

横向

一、选拔人才而失其半数。

二、整治家庭和治理国家。

三、崇拜外国的一切事物，向外国人献媚。

四、形容外表强壮，内里空虚。

五、停止交游活动。指隐居。

六、色彩鲜美艳丽，十分引人注目。

七、贫困时结交的知心朋友。

八、因酷爱干某事而不感觉厌烦。形容对某事特别爱好而沉浸其中。

纵向

1. 极其推崇和敬佩。
2. 旧时上海的租界区域因外国人较多，洋货充斥，借指旧上海市区。多含贬义。
3. 指话多而尖酸刻薄，使人厌恶。
4. 指某一境界之外更有无穷无尽的境界。多用来表示人的眼界受客观条件的限制，认识的领域需要不断扩大。也表示美好的境界阅历不尽。
5. 泛指家庭的乐趣。
6. 自觉地努力向上，永不松懈。
7. 指富家贵族。
8. 纵目四望，开阔心胸。

脑筋急转弯

有一块天然的黑色大理石，在9月7日这一天，把它扔到钱塘江里会有什么现象发生？

答案：沉到江底。

习题 94

	一 宽	3 宏		二 量			8 出
1 披	三 按				6 滥		
四 麻			五 意	5 气			
	2 矮					7 申	
六 孝			4 孙				
				七 吞			
八 急							

横向

一、形容度量大，能容人。

二、根据收入的多少来定开支的限度。

三、按照画像去寻求好马。比喻墨守成规办事；也比喻按照线索去寻求。

四、指粗心、疏忽，对事物不敏感，失去警惕性。

五、缺乏理智，只凭一时的想法和情绪办事。

六、孝敬父母的有德行的子孙。泛指有孝行的子孙。

七、原形容道士修炼养气，不吃五谷，后形容人吸烟。

八、紧急的时候，猛然想出办法。

纵向

1. 指长辈去世，子孙身披麻布服，头上戴白，表示哀悼。
2. 比喻只知道附和别人，自己没有主见。也比喻见识不广。
3. 宏伟的计划，远大的志向。
4. 孙膑、庞涓各以智谋争斗。比喻昔日友人今为仇敌，各逞计谋生死搏斗。也比喻双方用计较量高下。
5. 受了气而勉强忍耐，不说什么话。形容窝囊。
6. 指过分地或非法地行使自己掌握的权力。
7. 洗雪冤屈，发泄怨恨。
8. 说话粗暴无礼。

习题 95

一 答	3 非		二 问				
1 双			三 燕		5 衔		
四 管			五 豹				
			5 凄			7 盘	
2 下		六 疾			6 草		8 鸡
	七 残						
				八 增			

横向

一、回答的不是所问的内容。

二、形容对别人的生活很关心。

三、比喻育子之艰辛。

四、从竹管的小孔里看豹，只看到豹身上的一块斑纹。比喻只看到事物的一部分，指所见不全面或略有所得。

五、形容人的面目威严凶狠。

六、在猛烈的大风中，只有坚韧的草才不会被吹倒。比喻只有经过严峻的考验，才知道谁真正坚强。

七、泛指吃剩下的饭菜。旧时引申为权贵们的施舍。有时亦比喻饮食节俭，生活清苦。

八、增加收入，节约开支。

纵向

1. 原指手握双笔同时作画。后比喻做一件事两个方面同时进行，或两种方法同时使用。

2. 一挥动笔就写成文章，形容写作文思敏捷。

3. 不是长期蛰居池塘中的小动物。比喻有远大抱负的人终究要做大事。

4. 形容天气恶劣。比喻处境悲惨凄凉。

5. 把草结成绳子，搭救恩人，嘴里衔着玉环。旧时比喻感恩报德，至死不忘。

6. 比喻马马虎虎、急急忙忙地把事情结束了。

7. 树木的根枝盘旋交错。比喻事情纷难复杂。

8. 原意是因亲丧悲痛过度而消瘦疲惫在床席之上。后用来比喻在父母丧中能尽孝道。也形容十分消瘦。

习题 96

一 天	2 兵			二 枯		8 败	
1 不		■	4 河	6 融	7 望		■
三 速							■
		3 力	四 鱼				■
	■		5 烂			■	■
■	■	五 纸				■	■
■	■		六 如				■
七 判			八 泥				■

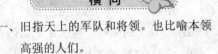

横向

一、旧指天上的军队和将领。也比喻本领高强的人们。

二、干枯的树枝，衰败的花叶。形容荒凉、破坏的样子。

三、用快速的战术结束战局。也比喻用迅速的办法完成任务。

四、像游鱼一样一个跟着一个地接连着走。形容一个跟一个单行前进。

五、原意是让闪光的金纸把人弄迷糊了。形容叫人沉迷的奢侈繁华环境。

六、好像鱼得到水一样。比喻有所凭借。也比喻得到跟自己十分投合的人或对自己很合适的环境。

七、高低差别就像天上的云彩和地上的泥土那样悬殊。

八、指泥做的和木头雕的偶像。比喻人的表情和举动呆板。

纵向

1. 指没有邀请突然而来的客人。
2. 指战事凶险可怕。
3. 形容书法刚劲有力，笔锋简直要透到纸张背面。也形容诗文立意深刻，词语精练。
4. 比喻事物坏到极点，不可收拾。
5. 醉得瘫成一团，扶都扶不住。形容大醉的样子。
6. 把各方面的知识和道理融化汇合，得到全面透彻的理解。
7. 指迎候有权势的人，看见车扬起的尘土就下拜。形容卑躬屈膝的神态。
8. 败坏道德和操守。

习题 97

■	一 不	3 食		二 粟			
1 仰	三 继			5 今	■	7 造	8 唱
四 拾	2 金				■		
			4 造		■		
		■		五 非	6 同		
■		■	六 生				■
■	■	■		七 不			
■	■	八 我				■	■

横向

一、本指伯夷、叔齐于商亡后不吃周粟而死。比喻忠诚坚定，不因生计艰难而为敌方工作。

二、钱串子断了，谷子烂了。比喻极富有。

三、指继往开来。

四、拾到东西并不隐瞒下来据为己有。指良好的道德和社会风尚。

五、比喻事情很重要，不是闹着玩的。

六、佛教指人的四苦，即出生、衰老、生病、死亡。今泛指生活中生育、养老、医疗、殡葬。

七、相互之间没法商量。指彼此观点不同，不宜共同谋划事情。

八、我见了她尚且觉得可爱。形容女子容貌美丽动人。

纵向

1. 低头拾地上的东西，抬头拿上面的东西。形容一举一动都有收获。

2. 原形容花木枝叶美好。后多指皇族子孙。现也比喻出身高贵或娇嫩柔弱的人。

3. 指对所学的古代知识理解得不深不透，不善于按现在的情况来运用，跟吃东西不消化一样。

4. 制造谣言，挑起事端。

5. 现在是对的，过去是错的。指认识过去的错误。

6. 比喻因有同样的遭遇或痛苦而互相同情。

7. 这是对于命运的一种风趣说法。

8. 过去，两个戏班子为了抢生意，有时候会同一地方演同样的戏，称为唱对台戏。比喻采取与对方相对的行动，来反对或搞垮对方。

■	3 痛	■	■	一 势		7 骑	■
1 丹		4 泣	二 吹	5 牛			■
三 青					■		8 丢
			■		■		
2 手	■	四 声		6 大		■	
	五 先			六 快			
	■	七 顺				■	■
	■	■	八 实				■

习题 98

横向

一、骑在老虎背上，要下来不能下来。比喻事情中途遇到困难，但迫于形势，想停止也停止不了。

二、吹嘘奉承。

三、旧粮已经吃完，新粮尚未接上。也比喻人才或物力前后接不上。

四、声势和威望急速增长，使人非常震动。

五、以能尽先看到为快乐。形容盼望殷切。

六、跑得快的牛犊会把车拉翻。比喻年轻气盛的人应当懂得克制。

七、利用机会顺便给人的好处。也指不费力的人情。

八、真心真意。

纵向

1. 善于运用色彩的巧妙的手，多指国画大师。
2. 原指作战一下子就能把敌人捉拿过来，后比喻做事有把握，不费力就做好了。
3. 原指攻克敌京，置酒高会以祝捷。后泛指为打垮敌人而开怀畅饮。
4. 哭得噎住了，出不来声音。形容非常伤心。
5. 比喻人长得高大强壮。
6. 指坏人坏事受到惩罚或打击，使大家非常痛快。
7. 比喻已经有了好处，还要去谋另外的好处。
8. 本是象棋术语。后比喻丢掉次要的，保住主要的。

习题 99

■	3 恒	■	4 等	一 赏	6 贤		8 能
1 拖		二 柴				7 装	
三 泥				■			
		■		■			
	■	四 拔	5				■
	■	■	五 南				■
六 石			七 海				■
	■	■	八 北				■

横向

一、赏赐给让给有才能的人。

二、为柴米的需要而结合的夫妻。指物质生活条件低微的贫贱夫妻。

三、指在江河的急流中泥土和沙子随着水一起冲下。比喻好人和坏人混杂在一起。

四、能将大鼎举起，能将高山拔动。比喻力大气壮。

五、本指被俘的楚国囚犯。后泛称囚犯或战俘。

六、石头沉到海底。比喻从此没有消息。

七、大海沸腾，江河翻滚。比喻声势或力量极大。

八、古代君主面南而坐，臣子拜见君主则面北，指臣服于人。

纵向

1. 比喻说话做事不干脆不利落。

2. 水不停地滴，石头也能被滴穿。比喻只要有恒心，不断努力，事情就一定能成功。

3. 像恒河里的沙粒一样，无法计算。形容数量很多。

4. 比喻生活困难，缺少钱用。

5. 指遥远的地方。

6. 丈夫的好妻子，孩子的好母亲。

7. 假装聋哑。指故意不理睬，只当不知道。

8. 能用手指掐算。指有未卜先知的本事。

1 仙	一 神		5 气	二 爽			8 失
	2 上	4 盗	三 吞		6 吐		
四 琼				■		■	
				■		7 大	
■	3 梯		■	■			■
五 泰				六 开			
■		■	七 方				■
八 积				■	■	■	■

横 向

一、形容人神志清爽，心情舒畅。

二、形容心中无主、空虚怅惘的神态。

三、古杂剧之一，泛称魔术。

四、指月中宫殿，仙界楼台。也形容富丽堂皇的建筑物。

五、比喻道德高、名望重或有卓越成就为众人所敬仰的人。

六、比喻说话或写文章直截了当谈本题，不拐弯抹角。

七、指心。

八、储存粮食，防备饥荒。

纵 向

1. 指美酒。

2. 比喻进行极其秘密的谋划。也比喻诱人上当。

3. 谓凿梯、修栈道以度高山深谷。泛指跋涉险阻。

4. 比喻一切大大小小的窃取之事。

5. 犹如气吞山河。

6. 喻赤诚相待，说出心里话。

7. 很有见解。

8. 胳膊碰胳膊，指擦肩而过。形容当面错过。

脑筋急转弯

为什么一瓶标明剧毒的药对人却无害？

答案：除非你喝了它。

习题 101

1 毛	■	3 作	■	一 设	5 身		
	■		二 蜗				8 倒
三 毛	2 遂			四 讷			
			■	■	6 轻	■	
■	五 忘			4 危		7 恰	
六 沸							■
■	七 通						■
■	■	■	八 朝				■

横向

一、设想自己处在别人的那种境地。指替别人的处境着想。

二、像蜗牛角那样极微小的名声。

三、毛遂自我推荐。比喻自告奋勇，自己推荐自己担任某项工作。

四、指说话谨慎，办事敏捷。

五、国虽大，好战必亡，天下虽平，忘记了战备就一定会产生危机。

六、声音像水开锅一样沸腾翻滚，充满了空间。形容人声喧闹，乱成一片。

七、整整一夜，从天黑到天亮。

八、从早到晚都在一起。形容常生活在一起，关系密切。

纵向

1. 做事粗心，不细致。
2. 执迷不悟，坚持错误而不觉悟。
3. 蚕吐丝作茧，把自己裹在里面。比喻做了某件事，结果使自己受困。也比喻自己给自己找麻烦。
4. 早晨和晚上，形容时间短。形容危险就在眼前。
5. 地位低，说话不受人重视。
6. 原指战士穿着轻装作战，现在比喻放下思想包袱投入工作。
7. 指说话做事恰好到了最合适的地步。
8. 原指做事违反常理，不择手段。现多指所作所为违背时代潮流或人民意愿。

一 陈		3 闭	二 邪		6 歪		■
1 不	■		4 开	三 屈			7 招
四 饮				■		■	
	2 没			■		■	
	五 颠			5 离	■	■	8 马
■		■	六 正				
■		七 正				■	
■	■	八 小				■	

习题 102

横向

一、臣下对君主陈述善法美政，借以堵塞君主的邪心妄念。

二、指不正当的门路、手段或不正经的事情。

三、指无罪的人冤枉受刑，被迫招认有罪。

四、喝水的时候想起水是从哪儿来的。比喻不忘本。

五、由于灾荒或战乱而流转离散。形容生活艰难，四处流浪。

六、从根本上整顿，从源头上清理。比喻从根本上加以整顿清理。

七、像小鸟那样依傍着人。形容少女或小孩娇小可爱的样子。

八、比喻事情或问题的细小而无关紧要的部分。

纵向

1. 比喻为人廉洁。
2. 指没有分晓或纷乱的样子。
3. 关起门来反省。
4. 开发水源，节制水流。比喻增加收入，节省开支。
5. 丢掉根本，追逐末节。
6. 比喻方法本来不恰当，却侥幸得到满意的结果。也比喻原意本不在此，却凑巧和别人的想法符合。
7. 旧时指组织或扩充武装力量。后比喻组织或扩充人力。
8. 比喻不停地一直向前走。

习题 103

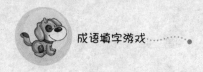

	一 品			一 凡			
1 重	2 卖		4 儒			7 不	
三 温		3 尔	四 雅		6 兵		
							8 扭
				5 戎			
五 佯				六 马			
七 南							
			八 天				

横向

一、品行相貌都超出一般。

二、平凡、普通的桃花和李花。比喻庸俗的人或平常的事物。

三、形容人态度温和，举动斯文。现有时也指缺乏斗争性，做事不大胆泼辣，没有闯劲。

四、形容某些文艺作品既优美，又通俗，各种文化程度的人都能够欣赏。

五、假装败下阵来，引人上当。

六、马的牙齿有多少，就可以知道它的年龄有多大。比喻自己年岁白白地增加了，学业或事业却没有什么成就。

七、想往南而车子却向北行。比喻行动和目的正好相反。

八、比喻距离虽近，但很难相见，像是远在天边一样。

纵向

1. 比喻再经历一次过去的光景。
2. 指以出卖诗文所得来维持生计。
3. 表示彼此互相欺骗。
4. 文雅而飘逸。
5. 指从事征战的生活、经历。
6. 比喻互相辅助。
7. 形容功劳极大。
8. 扭转亏损，增加盈利。

习题 104

■	2 琅	一 牛		5 割		■	■
■		3 膏	二 螳				7 土
三 逼			四 山			6 好	
1 推			■		■		
五 梨			4 子	六 好			8 长
	■	■		■	■		
	■	■	七 乌				
■	八 守				■	■	

横向

一、杀只鸡用宰牛的刀。比喻大材小用。

二、比喻自不量力，招致失败。

三、比喻被迫起来反抗。现也比喻被迫采取某种行动。

四、指男女相爱时立下的誓言，表示爱情要像山和海一样永恒不变。

五、原指唐玄宗培训的歌伶舞伎。后泛指戏剧演员。

六、指不切实际的幻想是不能实现的，只能存在于梦幻之中。

七、像暂时聚合的一群乌鸦。比喻临时杂凑的、毫无组织纪律的一群人。

八、指军人或地方官有保卫国土的责任。

纵向

1. 小儿推让食物的典故。比喻兄弟友爱。
2. 指诵读熟练、顺口。也指文辞通俗，便于口诵。
3. 指习惯于骄奢享乐生活的富贵人家的子弟。
4. 指假设的、不存在的、不真实的事情。
5. 原指春秋战国时鲁庄公与孟任割破胳臂，订下婚约。后泛指用割破手臂立誓守约。
6. 立誓致死不生二心，形容坚贞不渝或意志坚定。
7. 当地生长的。
8. 指通宵宴饮。

脑筋急转弯

如果动物园失火了，最先逃出来的是哪一种动物？

答案：人。

习题 105

■	一 鞭	3 长		二 及	7 时		
	三 翻					■	8 鼎
四 暴				6 分		■	
	■		五 蜕				
	2 拔	4 补	5 吹	六 瓦			
■	七 刀				■	■	■
■				■	■	■	■
■			八 丝				■

横 向

一、原意是鞭子虽长，也不能打马肚子。比喻相隔太远，力量达不到。

二、不失时机，寻欢作乐。

三、原形容雨势大，后形容力量或声势非常壮大。

四、原指残害灭绝天生万物。后指任意糟蹋东西，不知爱惜。

五、虫类脱皮变化。比喻人堕落变坏。

六、瓦盆敲得雷一般响，比喻无才的人占据高位；威风一时。

七、刀一劈下去，竹子立即分开。形容事情顺利解决。

八、织布时每条丝线都要从箝齿间穿过。比喻做得十分细致，有条不紊，合拍。

纵 向

1. 用残暴势力代替残暴势力。指统治者换了，暴虐的统治没有改变。

2. 指动武。

3. 长江为天然的坑堑、险要。旧时形容长江地势险要，不可逾越。

4. 填补、纠正帝王的过失。也指匡正、改掉自己的过失、缺点。

5. 吹奏管乐器，弹拨弦乐器。

6. 使对方的力量分裂离散。

7. 时代变迁，世事也不一样。

8. 击钟列鼎而食。形容贵族的豪华排场。

习题 106

一 粘	2 皮			二 安	6 分		
■	三 里			四 攻		7 同	
五 洛		3 纸		■			■
■			4	■			■
1 死	■			5 朝	■		8 胆
六 灰					■	■	
	■	七 朝				■	
	■	■	■	八 楚			

横向

一、形容言行不干脆，不爽快。

二、规矩老实，守本分，不做违法的事。

三、从里、外两方面配合同时进攻。

四、原指国与国之间订立盟约，战时彼此联合进攻或防卫。现多指坏人互相订约，为掩盖罪恶而一致行动。

五、比喻著作有价值，流传广。

六、比喻事物消失净尽。

七、比喻收益迅速。

八、形容美人的细腰，曲线玲珑。

纵向

1. 原比喻失势的人重新得势。现常比喻已经消失了的恶势力又重新活动起来。
2. 指藏在心里不说出来的言论。
3. 形容落笔轻捷，挥洒自如。
4. 国家灭亡，种族灭绝。一个国家被彻底毁灭。
5. 战国时期，秦楚两个诸侯大国相互对立，经常作战。有的诸侯小国为了自身的利益与安全，时而倾向秦，时而倾向楚。比喻人反复无常。
6. 分别把守交通要道。
7. 起始、发端相同而趋向、终结不同。
8. 形容办事果断，考虑周密。

脑筋急转弯

猜猜看：今年圣诞夜，圣诞老人第一件放进袜子里的是什么东西？

答案：自己的脚。

习题 107

■	3 浩	■	5 肃	一 造		8 合	
1 如		■		■	6 辗		■
二 狼			三 起				■
		■		■			■
2 羊	■	4 不	四 旁		7 侧		■
	五 称			六 满			
	■		■	七 推			
	八 山					■	■

横向

一、比喻主观同客观相符合。

二、古代边防报警时烧狼粪腾起的烟。四处都是报警的烟火，指边疆不平静。

三、泛指文章的做法。也比喻固定呆板的形式。

四、比喻说话、写文章不从正面直接点明，而是从侧面曲折地加以讽刺或抨击。

五、指做买卖规矩，不短斤少两。

六、所见的全是凄惨冷落的景象。

七、推展开来而且把它扩大。也指从一件事情推及其他。

八、形容回音响亮；也比喻此鸣彼应，互相配合。

纵向

1. 如同狼放养羊一般。比喻官吏残酷地欺压人民。
2. 羊续把生鱼悬于庭。形容为官清廉，拒受贿赂。
3. 形容典籍、图书等极为丰富。
4. 指受到委曲和压迫就要发出不满和反抗的呼声。
5. 形容产生严肃敬仰的感情。
6. 翻来覆去，睡不着觉。形容心里有所思念或心事重重。
7. 斜着眼睛看人。形容憎恨或又怕又愤恨。
8. 符合情理。

习题 108

一 铜	2 围			二 背			8 驰
1 横	三 城				6 和	■	
四 倒		3 一		■		■	
			五 不			7 同	
	■		4 德	5 不			■
六 旷					■		■
■	■	■		七 杯			
八 出					■	■	■

横向

一、比喻坚固的阵势。

二、朝相反的方向跑去。比喻彼此的方向和目的完全相反。

三、指在敌方兵临城下时被迫签订的屈服的和约。

四、自己做错了，不仅拒绝别人的指责，反而指责对方。

五、事先没有约定而相互一致。

六、指当代少见的奇才。

七、比喻在宴会上引起的仇恨。

八、指行动出乎人的意料。

纵向

1. 躺卧凌乱的样子。
2. 指一种战术。进攻的一方以部分兵力包围据守城镇之敌，诱使敌人从其他地方派兵援救，然后以事先部署好的主力部队歼灭敌人的援军。
3. 辛苦一次，把事情办好，以后就可以不再费力了。
4. 既有好的思想品质，又有工作的才干和能力。
5. 比喻喝酒太多，已经醉了。
6. 穿着衣服躺下睡觉。
7. 自家人动刀枪。指兄弟争吵。泛指内部斗争。
8. 骑着马奔驰在战场上，形容英勇作战，无可阻挡。

习题 109

1 鹊	一 大	3 声		二 呼			
	2 早		5 楚	■	7 投	■	8 吹
三 鸠			四 巢				
		4 起		五 车			
■				6 牙		■	
六 浪					■	■	■
■	七 晚				■	■	■
■	■	■	■	八 语			

横 向

一、大声呼喊，引起人们注意。

二、形容人像画得逼真，似乎叫一声就会从画中走出来。泛指文学作品中人物的描写十分生动。

三、抢占别人的住处。

四、比喻灭门之祸，无一得免。亦比喻整体被毁，其中的个别也不可能幸存。

五、车相撞，船相连。极言车船之多。

六、不务正业的人改邪归正。

七、泛指学习同一技艺或同一学问的后生晚辈。

八、话深刻有力，情意深长。

纵 向

1. 形容身体瘦削，面容憔悴。
2. 不用服药而病愈。祝人早日病愈的话。
3. 比喻声名迅速增高。
4. 把快要死的人救活。形容医术高明。也比喻把已经没有希望的事物挽救过来。
5. 比喻彻底摧毁。
6. 形容婴儿咿咿呀呀地学大人说话的神情。
7. 比喻不自量力，自取失败。
8. 指整个军营响着进攻的号角。

脑筋急转弯

今天上午只上半天课，学生高兴吗？

答案：不高兴，下午还有半天课。

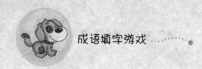

习题 110

1 乜		4 悍		一 大		8 大	
	二 岿			三 动			
四 缠					7 大		
		5 顾					
2 爱	3 食			6 席			
五 惜			六 掌				
			七 损				
		八 视					

横向

一、非常吉祥、顺利。旧时用于占卜和祝福。

二、像高山一样挺立着一动不动。形容高大坚固，不能动摇。

三、指动手打人，或者挑逗、戏弄对方。

四、杂七杂八搅在一起，弄不清楚。

五、因舍不得一个指头而失掉一个手掌。比喻因小失大。

六、比喻极其容易，毫不费力。

七、形容极为谦虚。

八、形容十分珍爱。

纵向

1. 假作痴呆，纠缠不休。
2. 比喻为珍惜自己的名声，行事十分谨慎。
3. 原指有美味可吃的预兆，后形容看到好吃的东西而贪婪的样子。
4. 凶暴蛮横，不顾一切。
5. 顾了这个，丢了那个。形容忙乱或慌张的情景。
6. 筵席上的珍品。比喻至美的义理或人才。
7. 指很值得看，很值得重视。
8. 大怒。

脑筋急转弯

小戴是位科学家，历尽千辛万苦终于来到了一个地方，他面北而立，向左转了90°，却还是向北，再转90°依然面北，又转90°还是面北，你知道这是什么原因吗?

答案：小戴在北极。

习题 111

一 废		3 任	二 武				■
1 日	2 忍		4 立	■	■	■	■
三 不			四 命				■
				■	■	7 咎	■
		■	5 身	■	6 待		8 无
■	五 无						
六 待			七				
■	■	■		八 天			

横向

一、废掉文治，任用武力。指轻文重武。

二、形容武艺高强，超出一般人。

三、指不辜负别人的差使。

四、命运充满不顺。指一生坎坷，屡受挫折。

五、没有一点忧愁和顾虑。

六、为了等待好的时机而暂时安分守己。

七、一分钱也不拿。

八、旧指做事残忍，灭绝人性，为天理所不容。

纵向

1. 日影没有移动。形容时间极短。
2. 忍受耻辱。
3. 任用有德行有才能的人。
4. 指精神上有寄托，生活上有着落。
5. 形容非常贫穷。
6. 要理不理。形容对人态度冷淡。
7. 灾祸或罪过是自己招来的。指自作自受。
8. 没有地方可以让自己容身。形容非常羞愧。

脑筋急转弯

王芬和李丽是同班最要好的同学，她们俩约好去医院探望老师，王芬买了1束花，李丽买了2束花，进病房后她俩将花合在一起送给了老师，你知道她们的老师一共收到了几束花？

答案：1束花。

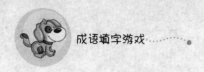

习题 112

1 方	一 幕	3 天		二 地		6 人	8 稀
			三 蛛		5 马		
四 大							
	五 跬	4 步				7 至	
2 兽	六 寸						
				七 寝			
八 鸟							

横向

一、把天作幕，把地当席。原形容心胸开阔。现形容在野外作业的艰苦生活。

二、地方大，人烟少。

三、从挂下来的蜘蛛丝可以找到蜘蛛的所在，从马蹄的印子可以查出马的去向。比喻事情所留下的隐约可寻的痕迹和线索。

四、一个人把持着权力，独断专行。

五、走一千里路，是半步半步积累起来的。比喻学习应该有恒心，不要半途而废。

六、形容走路困难。也比喻处境艰难。

七、睡不好觉，吃不好饭。十分忧虑担心的样子。

八、鸟叫得好听，花开得喷香。形容春天的美好景象。

纵向

1. 方脸盘，大耳朵。旧指富贵相。
2. 比喻聚散无常。也比喻乌合之众。
3. 超群出众，天下无人可比。
4. 原形容女子步态轻盈。后常比喻渐入佳境。
5. 用马皮把尸体裹起来。指英勇牺牲在战场。
6. 人的足迹很少到达。指荒凉偏僻的地方。
7. 到死也不醒悟。
8. 世上稀有的珍宝。

习题 113

■	一 探	3 囊		二 物			8 宝
1 颠		三 空				■	
四 倒	2 背			■	6 灯	■	
		4 洗	■	五 腊			
			5 声	■		7 调	■
■				六 口			
七 齐				■	■		■
■	八 耽				■		■

横向

一、伸手到口袋里拿东西。比喻能够轻而易举地办成某件事情。

二、指各种珍美的宝物。

三、比喻徒有虚名而无实利或不能实现的诺言。

四、把书或文章倒过来背，背得像流水一样流畅。形容背得非常熟练，记得非常牢。

五、腊月过去，春天又来了。

六、非常干渴。形容天热或说话很多，费尽口舌。

七、形容认识一致，共同努力。

八、形容用尽心思。

纵向

1. 把黑的说成白的，白的说成黑的。比喻歪曲事实，混淆是非。
2. 离开家乡到外地。
3. 口袋里空得像洗过一样。形容口袋里一个钱也没有。
4. 把脖子洗净，伸到刀下受斩。比喻等待灭亡。
5. 嗓子喊哑，气力用尽。形容竭力呼喊。
6. 灯光尽灭，灯油耗干。比喻人的精力或财力都消耗一空。
7. 耍嘴皮子，搬弄是非。
8. 走进到处是宝物的山里，却空手出来。比喻根据条件，本来应该有丰富的收获，却一无所得（多指求知）。

习题 114

1 离	一 神	4 完			■	■	■
	3 靡	美				6 粉	7 是
三 索				三 文			
2 居			5 无	■	■		
	五 风				■		8 地
	■	六 不				■	
	七 拔				■	■	
■	■	■	■	八 深			

横向

一、精神饱满，气息充足。

二、形容房屋高大华丽。

三、形容事物枯燥无味（多指文章）。

四、用漂亮的言词掩饰自己的过失和错误。

五、比喻有能力的人遇上好机会。

六、形容没法解开或摆脱。

七、比喻追究到底。

八、深厚的感情和友谊。

纵向

1. 离开集体或群众，过孤独的生活。
2. 虽然处在平安的环境里，也想到有出现危险的可能。指随时有应付意外事件的思想准备。
3. 指群起效尤而成风气。
4. 完善美好，没有缺点。
5. 找不出缺漏之处。
6. 把社会黑暗混乱的状况掩饰成太平的景象。
7. 容易引发误会或麻烦的场所。
8. 住在本地的人对外地客人的招待义务。

脑筋急转弯

今天卖报纸的老吴卖了100份报纸，但只收入几角钱，为什么？

答案：他卖的是旧报纸。

习题 115

■	一 百	3 年		二 计			7 耐
1 顺	■		4 各	■	■	■	
三 天	2 香		四 色				
			五 人			6 事	
		■	5 等	六 美			8 瑕
■		■		■	■		
■	七 前				■		
八 鼠				■	■	■	

横向

一、指关系到长远利益的计划或措施。

二、主意出于无可奈何。

三、原形容颜色和香气不同于一般花卉的牡丹花，后也形容女子的美丽。

四、比喻脸色惨白难看。

五、原指人的才德高过所得俸禄的等级。后指工作中人员过多或人多事少。

六、美玉上面没有一点小斑。比喻人或事物完美，无缺点。

七、前面车子翻倒的教训。比喻先前的失败，可以作为以后的教训。

八、蔑视他人之词。谓鄙陋卑微的人。

纵向

1. 顺应天命，合乎人心。旧时常用于颂扬建立新的朝代。
2. 比喻美丽的女子死亡。
3. 指以年为经，以国为纬的编写史书的方法。
4. 社会上各种职业各个阶层的人们。
5. 无足轻重的寻常人。
6. 事情无论大小，同等对待。
7. 意味深长，值得人仔细体会琢磨。
8. 比喻优点、缺点都有。

脑筋急转弯

小红说他能轻而易举地跨过1棵大树，他是怎么跨过去的呢？

答案：一棵被伐倒的树。

■	■	3 漂	■	一 功	6 无		
1 平	二 望			三 叹			
四 白				5 经		■	■
	■	4 海	■			■	8 革
	2 哀	五 市				7 春	
■			■	六 谈			
七 空			■	■			
■	八 年				■		■

习题 116

横向

一、没有攻占不下来的。形容力量无比强大。

二、仰望海神而兴叹。原指在伟大事物面前感叹自己的渺小。现多比喻做事时因能力不胜任或没有条件而感到无可奈何。

三、指赞美所见到的事物好到了极点。

四、像小白马在细小的缝隙前跑过一样。形容时间过得极快。

五、旧指做买卖的人或街道上没有受过教育的人。

六、被老虎咬过的人才真正知道虎的厉害。后比喻一提到自己害怕的事就情绪紧张起来。

七、悬在半空中的阁楼。比喻虚幻的事物或脱离实际的空想。

八、年纪不大，精力旺盛。

纵向

1. 指无缘无故。
2. 形容人到中年对亲友离别的伤感情绪。
3. 渡过海洋。多指去异国他乡。
4. 原指海边或沙漠中，由于光线的反向和折射，空中或地面出现虚幻的楼台城郭。现多比喻虚无缥缈的事物。
5. 言谈有实践作为根据、切实、可靠。
6. 自己无所作为而使天下得到治理。原指舜当政的时候，沿袭尧的主张，不做丝毫改变。后泛指以德化民。
7. 园内到处都是春天美丽的景色。比喻欣欣向荣的景象。
8. 造新的，改造旧的。

习题 117

1 白	■	3 盲	4 水	一 四	6 百		
	2 吹		二 深				■
三 黑				四 赏			8 百
			5 热	■		■	
■		五 含				7 发	
六 抽			七 沸				
■	■	■		■	■		■
■	■	■	■	八 大			

横向

一、指四肢百体的四时病痛。泛指各种疾病。

二、与山外、林外距离远的、人迹罕至的山岭、森林。

三、形容黑暗没有灯光。

四、奖励一个人的先进事迹而鼓励好多人。

五、比喻捏造事实陷害别人。

六、抽掉锅底下的柴火，使锅里的水不再翻滚。比喻从根本上解决问题。

七、像沸腾的水一样喧闹。形容人声喧闹。

八、佛家语，救人苦难。形容人心肠慈善。

纵向

1. 白纸上写下了黑字。比喻有确凿的文字凭据，不容抵赖或悔改。
2. 比喻垮台；散伙。
3. 盲人骑着瞎马。比喻盲目行动，后果十分危险。
4. 老百姓所受的灾难，像水那样越来越深，像火那样越来越热。比喻人民生活极端痛苦。
5. 比喻激情高涨。
6. 在极周密的考虑中偶然出现了一点疏忽。
7. 使好的作风、传统等得到发展和提高。
8. 读一百遍也不会感到厌烦。形容诗文或书籍写得非常好，不论读多少遍也不感到厌倦。

习题 118

1 八	一 风		4 草	二 动			
	2 挨				5 靠		7 息
三 孤		3 寡	四 人				
			五 酒		6 饭		8 人
六 普							
				七 大			
			八 笔				

横向

一、风稍一吹，草就摇晃。比喻微小的变动。

二、比喻行动敏捷。

三、三代帝王的自称。后指脱离群众，孤立无助的人。

四、人民怨恨，天公震怒。形容为害作恶非常严重，引起普遍的愤怒。

五、酒已尽量，饭也吃饱。形容吃饱喝足。

六、佛家语，认为大众如溺海中，佛以慈悲为怀，尽力救济他们以便登上彼岸。

七、大造声势，扩大影响。

八、从口头和书面上对坏人坏事进行揭露和声讨。

纵向

1. 许许多多贫寒的读书人。
2. 顺着、沿着一家一户，户户不漏。
3. 人少的抵挡不住人多的。
4. 把人命看作野草。比喻反动统治者随意杀谑人民。
5. 依赖自然条件来过日子。
6. 形容懒惰成性，坐享别人劳动成果的人。
7. 原指不生事，不骚扰百姓，后指调解纠纷，使事情平息下来，使人们平安相处。
8. 人数少，力量单薄。

习题 119

1 耳	一 不	4 登		二 雅			8 士
	3 沿		5 泥	■	■	7 亢	
三 闭			四 车				
				■	■		
2 无		五 老	6 马				■
	■	■	六 放				■
七 塞				■	■	■	■
	■	■	八 山				■

横向

一、形容某些不被人看重的、“粗俗”的事物（多指文艺作品）。

二、高雅而有风致的文人。

三、关起门来造车子。比喻脱离实际，只凭主观办事。

四、车像流水，马像游龙。形容来往车马很多，连续不断的热闹情景。

五、比喻老年人恋念旧情。也指年老还贪恋官位。

六、指行动不受世俗礼节的束缚。

七、原指古凉州、治内、贺兰山、一带。后泛指塞外富庶之地。

八、形容山势环绕，山路曲折。

纵向

1. 比喻少见寡闻，对于外界情况了解甚少。

2. 自谦之语。无法弥补自己应负的责任。

3. 原指僧徒化缘。比喻挨家乞讨。

4. 比喻学问、技能等达到最高的境界或成就。

5. 比喻没有实际用处的东西。

6. 比喻天下太平，不再用兵。现形容思想麻痹。

7. 至尊者有所懊恼的事。指君主要以骄傲自满为戒，否则自取灭亡，遗恨无穷。

8. 指甘愿为赏识自己、栽培自己的人献身。

脑筋急转弯

刚念幼儿园的皮皮才学英文1个月就能毫无困难地和外国人交谈，为什么？

答案：外国人用汉语与他交谈。

■	■	4 雕	一 出				■
■	2 声		■	二 阳		7 白	
三 诗			四 意				8 狗
1 塞			■	6 出	■		
	3 茂	5 显	■	五 没			
六 焚					■	■	
			七 非				■
■		八 见				■	■

习题 120

横向

一、说话粗暴无礼。

二、原指战国时代楚国的一种较高级的歌曲。比喻高深的不通俗的文学艺术。

三、像诗画里所描摹的能给人以美感的意境。

四、形容精神振奋，气概豪迈。

五、比喻乱闯乱碰的人。

六、焚烧树林，猎取禽兽。比喻只图眼前利益，不作长久打算。

七、不是一般的阴谋。指阴谋篡夺帝位。

八、比喻只看到一点迹象就轻率地相信是真的。

纵向

1. 填井烧屋，表示决心死战。
2. 指演唱的音色、唱腔和表达的感情都很动人。
3. 茂密高大的树林竹林。
4. 刻绘的龙凤。
5. 形容事情或道理很明显，极容易看清楚。
6. 忽而出现，忽而隐没，没有一定，使人无法捉摸。
7. 满头白发。
8. 比喻为了名利不择手段，像苍蝇一样飞来飞去，像狗一样不知羞耻。

脑筋急转弯

在房间里有10根点着的蜡烛，被风吹灭了9根，第二天还剩几根？

答案：9根。

习题 121

1 焦	■	■	4 普	■	5 割	■	7 混
	■	3 啧	一 天				
	■			二 不			
三 额	2 手			■		■	
■		四 赞				6 微	8 伉
五 不			六 奇				
■		■	■	七 不			
■	■	■	八 相				

横向

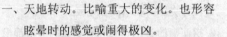

一、天地转动。比喻重大的变化。也形容眩晕时的感觉或闹得极凶。

二、只求知道个大概，不求彻底了解。常指学习或研究不认真、不深入。

三、把手放在额上，表示庆幸。

四、连声赞赏不止。

五、有什么值得奇怪的呢？表示不值得奇怪。

六、比一般人衣着式样特异的服装（多含贬义）。

七、不屈从私人交情。指为人公正，秉公处事。

八、互相协助进行或互相配合使用。

纵向

1. 烧焦了头，灼伤了额。比喻非常狼狈窘迫。有时也形容忙得不知如何是好，带有夸张的意思。

2. 两手舞动，两只脚也跳了起来。形容高兴到了极点。也手乱舞、脚乱跳的狂态。

3. 啧啧连声地表示羡慕。

4. 天下的人或全国的人共同庆祝。

5. 割让土地，求得和平。

6. 旧指皇帝或官吏穿上平民服装，秘密到民间探访民情或调查疑难重案。

7. 所有的本领，全部的权术手腕。

8. 夫妻之间的感情深厚。

脑筋急转弯

冬天，宝宝怕冷，到了屋里也不肯脱帽，可是他见了一个人后乖乖地脱下了帽，那人是谁？

答案：理发师。

习题 122

■	一 狗	3 急			■	6 好	■
1 十	■	二 公					■
三 拿	2 手			5 人	■		■
			■	四 老			8 淡
		■	4 突		■	7 豁	
五 水			六 飞				
■	七 洪				■		
八 平				■	■		■

横向

一、比喻坏人在走投无路时豁出去，不顾一切地捣乱。

二、同时照顾到公家和私人的利益。

三、原指演员擅长的剧目。泛指最擅长的本领。

四、老书生经常说的话。比喻人们听惯了的没有新鲜意思的话。

五、人财两失，一无所有。亦比喻民穷财尽。

六、形容骏马奔腾飞驰。比喻骤然得志，官职升得很快。

七、比喻极大的祸害。

八、指船在缓流中慢慢前进。后比喻稳步前进。

纵向

1. 比喻很有把握。
2. 比喻廉洁奉公。
3. 指热心公益，见义勇为。
4. 形容进步和发展特别迅速。
5. 旧时比喻女子老了被轻视，就像因年代久远而失去光泽的珍珠一样不值钱。
6. 美好的光景不能永远存在。多用于对世事变迁的感叹。
7. 形容人宽宏开通，能容人。
8. 指漫无边际地随便谈论。

脑筋急转弯

电车的时速为80千米，向北行驶，有时速20千米的东风，请问电车的烟，朝那个方向吹？

答案：电车是没有烟的。

习题 123

■	一 错	3 认		二 标	5 新		
1 没	■		4 拔	■		■	8 暗
三 完				四 世		7 书	
	■			■			
	2 楚	五 河			6 极		
■	六 才						■
■		■	七 闻				■
八 滥				■		■	■

横向

一、形容懵懂浅陋。

二、提出新奇的主张，表示与众不同。

三、本指蔺相如将和氏璧完好地自秦送回赵国。后比喻把原物完好地归还本人。

四、世世代代都是读书人家。

五、银河广阔，无边无际。比喻言论荒诞不经，难以置信。亦比喻恩泽广大，使人难以报答。

六、才学相貌都好。

七、听到风声就逃之夭夭。

八、指过分地或非法地行使自己掌握的权力。

纵向

1. 无穷无尽。
2. 比喻用才不当。
3. 寻认祖先，并归还本宗，也比喻指回归故土。
4. 用以比喻偷换取胜或战胜、胜利之典。
5. 指生物体不断用新物质代替旧物质的过程。也指新事物不断产生发展，代替旧的事物。
6. 尽眼力之所及眺望远方。
7. 指古今书籍不可胜数。
8. 原形容梅花的香味和姿态，后被用为梅花的代称。

脑筋急转弯

地上有3只小鸟，打死1只，还剩几只？

答案：1只。

一 每	2 饭		二 忘		6 所		■
1 拿		■	■	三 梦			
四 糖		4 炮		5 宋		■	■
			■		7 同	■	■
	3 双		■	五 东		8 快	
六 鸡							■
■	七 双						■
■		■	八 沉				■

习题 124

横向

一、指时刻不忘。

二、指因过分兴奋或得意而忘了应有的举止。

三、原为孔子哀叹自己体衰年老的词句。后多作为瞌睡的代称。

四、用糖衣裹着的炮弹。比喻经过巧妙伪装使人乐于接受的进攻性手段。

五、指为人豁达，才能出众的女婿。是女婿的美称。

六、鸡住在凤凰的窝里。比喻才德卑下的人占据高位。

七、比喻做一件事两个方面同时进行或两种方法同时使用。

八、沉默地思量着，不说话。引申为迟疑不决的态度。

纵向

1. 摆架子，装腔作势。
2. 装饭的口袋，挂衣的架子。比喻无用之人。
3. 宿在一起，飞在一起。比喻相爱的男女形影不离。
4. 形容豪奢珍奇的佳肴。
5. 指貌美多情的女子。
6. 见解基本相同。
7. 原指夫妇生活在一起，但感情不和。比喻同做一件事而心里各有各的打算。
8. 直爽的人说直爽的话。

习题 125

一 欺	3 软			6 家			
1 为		4 升	5 仓	二 贫			
三 富			四 皇				
				7 老			
2 仁						8 尾	
五 至				六 无			
七 义							
				八 弄			

横向

一、欺负软弱的，害怕强硬的。

二、不因生活贫困、社会地位低下而改变自己的志向。形容意志坚定。

三、形容房屋宏伟豪华。也形容诗文辞藻华丽。

四、皇帝的亲戚。指极有权势的人。

五、到死都不改变。

六、指虽有影响但对主要方面没有妨害。

七、对违反正义的事情所产生的愤怒充满胸中。

八、比喻调皮捣蛋。

纵向

1. 剥削者为了发财致富，心狠手毒，没有一点儿仁慈的心肠。
2. 竭尽仁义之道。指人的善意和帮助已经做到了最大限度。
3. 谈话时态度温和，言辞柔美。
4. 比喻学识或技能由浅入深，循序渐进，逐步达到很高的成就。
5. 慌慌张张地外出逃跑。
6. 家里贫穷，父母年老。旧时指家境困难，又不能离开年老父母出外谋生。
7. 形容人衰老不能做什么事情。
8. 旧时比喻部下的势力很大，无法指挥调度。现比喻机构庞大，指挥不灵。

脑筋急转弯

在11支未削过的截面为六边形的铅笔上，一共有多少个面？顺便问一下，圆形的红色铅笔呢？

答案：六边形截面的铅笔一共有8个面，上下2个面容易被遗漏。那么圆形的铅笔就有3个面了。

■	一 斩		5 除	二 根			8 固
1 挤	■	4 肉		三 镇		7 自	
四 眉	3 来			■	■		
				■	■		
2 眼			五 不	6 遗			■
		■	六 乳				■
	■	■	■	七 万			
	八 垂				■	■	■

习题 126

横向

一、除草时要连根除掉，使草不能再长。比喻除去祸根，以免后患。

二、比喻基础深厚，不容易动摇。

三、指面对灾难时冷静的表现。

四、形容用眉眼传情。

五、把全部力量都使出来，一点不保留。

六、身上的奶腥气还没有退尽。对年轻人表示轻蔑的说法。

七、形容百花齐放，色彩艳丽。也比喻事物丰富多彩。

八、快要到老年。

纵向

1. 用眼睛、眉毛示意。

2. 比喻除去心目中最痛恶的人。

3. 得到它不容易。表示财物的取得或事物的成功是不容易的。

4. 迷信的说法，指尘世平常的人。

5. 清除社会上的残暴、腐朽势力。

6. 死后恶名一直流传，永远被人唾骂。

7. 依靠自己的劳动所得来生活。

8. 金属造的城，滚水形成的护城河。形容工事无比坚固。

脑筋急转弯

楚楚的生日是3月30日，请问是哪年的3月30日？

答案：每年的3月30日。

习题 127

一 三	2 十			二 心		6 来	
1 旗		■	5 藏	三 批			
四 开		4 先		五 登			
	3 口			六 含		7 脉	
				■	■		8 不
■			■	七 下			
■		■	八 爱				
■	■	■	■	■	■	■	

横向

一、指人在三十岁前后有所成就。

二、指心里突然或偶然起了一个念头。

三、传说龙喉下有逆鳞径尺，有触之必怒而杀人。常比喻弱者触怒强者或臣下触犯君主等。

四、比喻进行某项工作的先遣人员。

五、攀登到高处后把梯子拿掉。表示已无退路。

六、饱含温情，默默地用眼神表达自己的感情。常用以形容少女面对意中人稍带娇羞但又无限关切的表情。

七、章回小说所用的套语。现多用比喻事件发展的结果。

八、爱和恨的立场和态度十分鲜明。

纵向

1. 刚一打开旗帜进入战斗，就取得了胜利。比喻事情刚一开始，就取得好成绩。

2. 两条道路交叉的地方。比喻处在对重大事情需要决定怎样选择的境地。

3. 形容两面派的狡猾阴险。

4. 事先看清问题的能力。指对事物发展的预见性。

5. 比喻不露锋芒。

6. 本指山脉的走势和去向。现比喻一件事的前因后果。

7. 中医认为人体内有很多脉络，清清楚楚。

8. 不可分解的缘分，比喻不能解脱的联系或关系。

1 丢	一 似	3 曾			5 英	■	■
	2 水		■	二 雌		7 未	8 决
三 卸				■			
		四 人			6 短		
■		■	4 繁	■			
五 斯			六 文				■
■	■	■		■		■	■
七 高			八 节				■

习题 128

横向

一、好像曾经见过。形容见过的事物再度出现。

二、比喻胜负未定。

三、磨完东西后，把拉磨的驴卸下来杀掉。比喻把曾经为自己出过力的人一脚踢开。

四、人的处境困厄，志向也就小了。

五、举止言谈文雅。

六、指文人之间互相看不起。

七、形容道德和行为都很高尚。

八、本不应该生枝的地方生枝。比喻在原有问题之外又出了新问题。多指故意设置障碍，使问题不能顺利解决。

纵向

1. 形容吃了败仗狼狈逃跑的景象。
2. 掺水细磨。形容工作深入细致，费时很多。
3. 比喻流言可畏。
4. 过分繁琐的仪式或礼节。也比喻其他繁琐多余的事项。
5. 指有才能的人因沉迷于爱情而丧失进取心。
6. 刀剑等短兵器近距离搏斗，比喻面对面地进行激烈的斗争。
7. 天还没有下雨，先把门窗绑牢。比喻事先做好准备工作。
8. 对敌人拼死决战。

脑筋急转弯

在餐厅里，有两对母女在用餐，每人各叫一份700元的牛排，付账时却只付了2100元，为什么？

答案：这两对母女是外婆、妈妈和女儿。

习题

129

■	■	4 脸	5 灰	一 喜		7 天	
■	2 绝			二 男			
三 杳			四 烟				■
1 分				五 水		8 花	
六 别	3 有		6 天	■	■		■
		■		七 红			
		■		■	■		■
■		八 冰				■	■

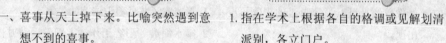

横向

一、喜事从天上掉下来。比喻突然遇到意想不到的喜事。

二、封建社会中的小农经济，一家一户经营，男的种田，女的织布。指全家分工劳动。

三、人烟稀少，形容荒凉。

四、像烟云消散一样。比喻事物消失得干干净净。

五、指河水流逝，花儿也凋谢了。形容景色凋零残败，用来比喻局面残破，好景已不存在，无法挽回。

六、比喻另有一番境界。

七、指穿着各种漂亮服装的青年男女。

八、比喻一种情况的形成，是经过长时间的积累、酝酿的。

纵向

1. 指在学术上根据各自的格调或见解划清派别，各立门户。
2. 只有一个，再没有别的。形容非常少有。
3. 有利益可谋求。
4. 美味人人爱吃。比喻好的诗文受到人们和称赞和传颂。
5. 比喻事物消失净尽。
6. 形容天气极为寒冷。
7. 形容抛洒东西或大雪纷飞的样子。
8. 形容色彩鲜艳而繁杂。

习题 130

一 相	2 现		二 笑				■
■		三 自	4 相			■	■
四 陌			五 逢				8 羊
1 胆		■		5 势	■	7 来	
	六 大	3 器		七 成	6 人		
八 包							
	■		■				■
■	■		■	■		■	■

横向

一、双方互相看着，发出会心的微笑。形容二者情合意洽的情态。

二、形容笑容满面。

三、比喻自己说话做事前后抵触。

四、与陌生人相遇在一起。

五、原指旧时走江湖的艺人遇到适合的场合就表演。后指遇到机会，偶尔凑凑热闹。

六、指能担当重任的人物要经过长期的锻炼，所以成就较晚。也用做对长期不得志的人的安慰话。

七、成全别人的好事。

八、并吞天下，占有一切。

纵向

1. 形容胆子极大。
2. 把亲人或熟人看得同不相识的人一样。
3. 形容人精力充沛，风度不凡。
4. 形容一见如故，意气极其相投。
5. 骑在老虎背上不能下来。比喻事情中途遇到困难，但迫于形势，想停止也停止不了。
6. 指有杰出的人降生或到过，其地也就成了名胜之区。
7. 表示财物的取得或事物的成功是不容易的。
8. 指羊羔酒。

脑筋急转弯

爸爸买了1支笔，却不能写字，为什么？

答案：是电笔。

习题 131

■	一 哀	4 兵		二 胜			
1 吹	■	三 精			6 作	■	■
四 弹	3 尽			■		■	8 斩
			■	五 板			
2 破		5 漠	六 坐			7 天	
	七 类				■		
	■		■	■	■		■
	八 人				■		■

横向

一、原意是力量相当的两军对阵，悲愤的一方获得胜利。后指受欺侮而奋起抵抗的军队，必定能取胜。

二、许多良友聚集一处。

三、指农业上认真细致地耕作。

四、作战中弹药用完了，粮食也断绝了。指无法继续作战的危险处境。

五、比喻事情已经决定，不能改变。

六、坐在井底看天。比喻眼界小，见识少。

七、美好的东西很多，一时看不过来。

八、人的内心难以探测。

纵向

1. 好像吹一吹、弹一弹就会弄破似的。形容面部的皮肤非常细嫩。

2. 一下子停止了哭泣，露出笑容。形容转悲为喜。

3. 极其完善，极其美好。指完美到没有一点缺点。

4. 兵士精壮，粮草充足。形容军力强盛，战备充分。

5. 态度冷淡，毫不关心。

6. 原指双方交战，自己站在壁垒上旁观。后多比喻站在一旁看着，不动手帮助。

7. 神话传说，仙女的衣服没有衣缝。比喻事物周密完善，找不出什么毛病。

8. 形容说话或行动坚决果断，毫不犹豫。

习题 132

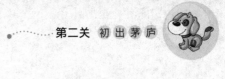

1 指	2 客	一 急	5 拍			■	■
二 鹿			三 手				■
		■	四 称				■
	3 乡	■	五			8 麻	■
六 焚		4 坑		6 时	7 老		■
■			■				■
■			七 延				■
八 纯						■	■

横向

一、形容各种乐器同时演奏的热闹情景。

二、原比喻不知政权会落在谁的手里。现在也泛指在竞赛中不知谁会取得最后的胜利。

三、下手的时候留点情面。比喻处理事情不要太苛刻。

四、旧时指小国向大国臣服而年年进贡。

五、比喻做事果断，能采取坚决有效的措施，很快解决复杂的问题。

六、焚毁典籍，坑杀书生。

七、增加岁数，延长寿命。

八、纯粹是一个骗局。

纵向

1. 指着鹿，说是马。比喻故意颠倒黑白，混淆是非。
2. 死在离家乡很遥远的地方。
3. 家书很难寄回家中。比喻与家乡消息隔绝。
4. 指招摇撞骗。
5. 多指正义得到伸张或事情的结局使人感到满意。
6. 风调雨顺，五谷丰登。
7. 年纪虽老而志气更旺盛，干劲更足。
8. 把东西送给尊长或敬爱的人。指祝贺寿辰。

脑筋急转弯

阿火在考试的时候全部答对，为什么却没有得到满分？

答案：因为考的是是非题。

习题 133

一 高		3 厚		二 各		7 为	8 战
三 古	2 为			■	■		
■			四 百	6 万			
1 人		4 古	■		■		
			5 大	五 流			
	■				■	■	■
六 空			七 风				■
■	■	八 垂				■	■

横向

一、泛指职位高，待遇优。

二、各自成为独立的单位进行战斗。

三、批判地继承文化遗产，使之为今天的无产阶级政治服务。

四、为数众多、威武雄壮的军队。

五、毫无根据的话。指背后散布的诽谤的话。

六、有了洞穴才进风。比喻消息和谣言的传播不是完全没有原因的。也比喻流言乘机会传开来。

七、原指旧时诗文里经常描写的自然景物。后比喻堆砌辞藻、内容贫乏空洞的诗文。也指爱情之事或花天酒地的荒淫生活。

八、指光辉榜样或伟大精神永远流传。

纵向

1. 人已离去，楼中空空。比喻故地重游时睹物思人的感慨。

2. 为国家牺牲生命。

3. 重视现代的，轻视古代的。多用于学术研究方面。

4. 从古到今。

5. 出自高贵人家特有的气派。

6. 好名声永远流传。

7. 以身作则，率先垂范，用实际行动做人表率。

8. 形容征服和改造大自然的英雄气概。

一 不		2 时		4 抱	■	6 爱	■
■	■		■		■		■
1 痛	二 闭			三 守	5		8 瓶
四 改					口		
	■	3 叫	■	■		7 不	
	■	五 苦					
六 暗			七 欺				■
■	■		八 安				■

习题 134

横向

一、不错过当前的机会。指办事要抓住适宜的时间和有利的机会。

二、封闭四境，严加防守。

三、闭口不谈，像瓶口塞紧了一般。形容说话谨慎，严守秘密。

四、改正错误，变成好的。指去恶就善。

五、痛苦或困苦到了极点，已经不能用言语来表达。

六、在没有人看见的地方，也不做见不得人的事。

七、欺骗世人，窃取名誉。

八、对目前的情况习惯了，不愿改变。

纵向

1. 彻底改正以前所犯的错误。
2. 随着时间的推移，情况发生变化。
3. 形容连声叫苦。
4. 抱着残缺陈旧的东西不放。形容思想保守，不求改进。
5. 嘴里说出狂妄自大的话。指说话狂妄、放肆。也指胡说八道。
6. 统治者爱护百姓，就像爱护自己的子女一样。
7. 无法用语言来形容。
8. 瓶沉水底难觅，簪子折断难接。比喻男女分离。

脑筋急转弯

人们见到的什么东西最多？

答案：光。

习题 135

■	2 现	■	■	一 雷	5 打		
二 晨				三 功			
1 食	四 不					■	■
五 不	3 打	4 自		■	6 片	■	8 溃
			■	六 按		7 休	
			■	■			
■			■	■			
■	七 生			八 时			

横向

一、形容态度坚定，不可动摇。也形容严格遵守规定，决不变更。

二、佛教规矩，寺里晚上打鼓，晚上敲钟。比喻可以使人警觉醒悟的话。

三、为了一己私利，让其他许多人为之付出巨大的牺牲。

四、原形容随随便便，不拘小节。后形容不注意衣着或容貌的整洁。

五、旧指没有用刑就招供。比喻做了坏事或有坏的意图自我暴露出来。

六、收拾起铠甲武器。比喻停止军事行动。

七、生下来没有遇到好时候。旧时指命运不好。

八、时代变迁，世事也不一样。

纵向

1. 吃东西都觉得没有味道。形容心里有事，吃东西也不香。
2. 比喻有现成的东西却不加利用。
3. 遇见不公平的事，挺身而出，帮助受欺负的一方。
4. 自己吹喇叭，自己打鼓。比喻自我吹嘘。
5. 形容感情融洽，成为一体。
6. 一片铠甲都没留下来。形容全军覆没。
7. 美好清平的兴盛时代。
8. 指逃散的士兵。

习题 136

■	1 四	■	■	3 夸	4 人	■	■
一 沧			二 田			6 功	■
三 朝							■
四 公							8 满
五 开			2 老	六 高	5 朋	7 满	
七 气				■			
■	■	■		■			
八 卖				■			■

横向

一、大海变成桑田，桑田变成大海。比喻世事变化很大。

二、比喻两者相争，第三者得利。

三、形容生活困难，勉强度日。

四、对一切有关的人、平等地对待。

五、指建国时立下大功，资历声望高的人。

六、高贵的朋友坐满了席位。形容宾客很多。

七、呼吸急促，大口喘气。

八、卖掉武器，从事农业生产。

纵向

1. 天下太平。

2. 老牛舔小牛。比喻父母疼爱子女。

3. 古代的夸父要追逐太阳，比喻看问题、做事情脱离实际。

4. 一般人通常有的感情。

5. 坏人勾结在一起干坏事。

6. 比喻事情圆满结束。

7. 形容人极有才干和智谋。

8. 坐席之间飘来清风，使同座者都能感到。比喻来者神气不凡，光彩动人。

脑筋急转弯

爸爸什么时候像个孩子？

答案：在爷爷面前。

习题 137

一 嫌		3 爱		■	5 鲜	■	■
1 天	二 汗			三 下			8 始
四 各				■		■	
	五 喜	4 出				7 探	
2 方	■		■	■	6 进		
	■	六 不					■
	■		七 空				■
	■	■	■	八 割			

横向

一、嫌弃贫穷的，喜爱富有的。

二、形容出汗多。

三、旧指新官刚到任。现比喻带着工作任务刚到一个地方。

四、各自表达自己的意见。

五、由于没有想到的好事出现而非常高兴。

六、不前进就要后退。

七、空空洞洞，没有什么内容。多指言谈、文章极其空泛。

八、凭借武力割占一个地区，与中央政权对抗。

纵向

1. 指各在天底下的一个地方。形容相隔极远，见面困难。
2. 事物正在发展，尚未达到止境。
3. 像对待亲生子女那样地爱护。
4. 说话粗暴无礼。
5. 崭新的车，肥壮的马。形容服装讲究，生活豪华。
6. 前进后退均无所凭借，处境窘迫。
7. 伸手到口袋里拿东西。比喻能够轻而易举地办成某件事情。
8. 开始制作俑的人。比喻首先做某件坏事的人。

脑筋急转弯

电影院内禁止吸烟，而在剧情达到高潮时，却有一男子开始抽烟，整个银幕笼罩着烟雾，但是，却没有任何一位观众出来抗议，这是为什么？

答案：因为那男子是电影里的主人公。

1 鞍	■	一 发	4 扬			■	■
二 马		3 毛	三 长			7 说	8 理
	■			■	6 养		
	2 茫			四 吊			
■	五 茫			5 失			
六 叫						■	■
■		七 沉				■	■
■	八 驰				■	■	■

习题 138

横向

一、使好的作风、传统等得到发展和提高。

二、比喻人穷困，就会显得精神不振的样子。

三、挑重要的话说，指只说主要内容。

四、指对事情不认真，不负责任，或态度、作风不庄重的样子。

五、困惑、不知所措而没有生气。

六、不断地叫苦。

七、鱼见到沉入水底，雁见到降落沙洲。形容女子容貌美丽。

八、形容震撼心灵。

纵向

1. 骑马赶路过久，劳累疲困。形容旅途劳累。

2. 无穷无尽的苦难。

3. 汗毛竖起，脊梁骨发冷。形容十分恐惧。

4. 大模大样地径自走了。

5. 形容惊慌忧虑、心神不定、行动失常的样子。

6. 养育儿女以防止年老年无依无靠。

7. 比喻喜欢说空话、大话而没有本事的人。

8. 按道理应当这样。

脑筋急转弯

装了一半沙子的桶和下面放上铁垫，里面装满水的桶分别放在跷跷板的左右两端保持平衡，如果把桶下面的铁垫放入水中，跷跷板会有何变化？

答案：因为桶的水很满，放入铁垫后水会溢出使右侧变轻，于是跷跷板会向左倾。过度思考的人反而解不开问题，在灵活的构思中，需要以单纯的眼光来看待事物。

习 题 139

1 爱	■	一 愁		5 惨		■	8 和
	■	■	■	二 无			
三 如		4 如	四 痴		7 说		
	3 若		■			■	
2 忽			五 说	6 长			■
六 冷						■	■
		■	■	七 跋			
八 热					■	■	■

横 向

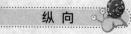

一、形容暗淡无光的景象。多比喻令人忧愁苦闷的局面。

二、心里一点儿也没有触动。指对应该关心、注意的事情毫不关心，置之不理。

三、形容神态失常，失去自制。

四、原指对痴人说梦话而痴人信以为真。比喻凭借荒唐的想象胡言乱语。

五、议论别人的好坏是非。

六、冷得像冰霜一样。比喻待人接物毫无感情，像冰霜一样冷。也比喻态度严正，不可接近。

七、翻山越岭，趟水过河。形容走远路的艰苦。

八、比喻激情高涨。

纵 向

1. 把钱财看得跟生命一样重要。形容极端吝啬。
2. 时而冷静，时而情感冲动。
3. 好像接近，又好像不接近。形容保持一定距离。
4. 像走在薄冰上一样。比喻行事极为谨慎，存有戒心。
5. 残酷狠毒到极点，如野兽一样。
6. 指远距离的翻山渡水。形容路途遥远，行路辛苦。
7. 从古到今无所不谈，没有不评论的。
8. 大家一条心，共同渡过江河。比喻同心协力，克服困难。

习题 140

■	2 拍	一 公	5			7 漆	■
二 拍			三 起				■
1 孔		四 四					8 如
	3 奇	4 雁		五 簇			
			■	6 大	■	■	
六 力			七 山				
■			■	八 如			
■	■	■	■		■	■	■

横向

一、公平的买和卖。

二、一拍桌子猛地站起来。形容非常愤慨。

三、起得早，睡得晚。形容辛勤劳动。

四、原形容身体各部位匀称、结实。后常形容说话做事稳当。也形容做事只求不出差错，缺乏积极创新精神。

五、聚成团有花纹的丝织品。形容五色缤纷，繁华艳丽的景象。

六、力气大得可以拔起山来，形容勇猛过人。

七、比喻局势将有重大变化前夕的迹象和气氛。

八、就像在平地上行走一样，非常平稳。

纵向

1. 形容人很有力气。
2. 对奇异的事情拍着桌子惊叹。
3. 指把少有的货物囤积起来，等待高价出售。也比喻拿某种专长或独占的东西作为资本，等待时机，以捞取名利地位。
4. 比喻人爱占便宜，见有好处就要乘机捞一把。
5. 比喻彼此地位或权力平等。
6. 形容雨下的像往下灌似的。
7. 形容一片黑暗，没有一点光明。也形容对事情一无所知。
8. 像花和玉那样美好。形容女子姿容出众。

习题 141

■	2 普	一 丧	4 家			6 文	■
二 替			三 道				■
■		3 暗		■	■		■
1 年				四 天		7 老	
五 谷				5 吴	■		8 骚
	六 催			七 下			
	■	■	■		■		
■	■	■	八 鸿				

横向

一、无家可归的狗。比喻无处投奔，到处乱窜的人。

二、代上天主持公道。封建社会里农民起义多以此作为动员、组织群众的口号。

三、指思想品德和学识学问。

四、比喻权力极大的人物，有轻蔑意味。

五、指粮价过低，使农民受到损害。

六、形容事迹十分感人，使人不禁流下眼泪。

七、原指战国时代楚国民间流行的一种歌曲。比喻通俗的文学艺术。

八、指启发开导，脱离蒙昧，解除疑惑。

纵向

1. 指年成很差，荒年。
2. 天下的人或全国的人共同庆祝。
3. 放冷箭伤害人。比喻暗地里用某种手段伤害人。
4. 家业衰败，境况没有从前富裕。
5. 居处吴下一隅的吕蒙。比喻人学识尚浅。
6. 工于文章的老前辈。
7. 形容人规规矩矩，谨慎胆小的样子。
8. 指诗人、作家等风雅的文人。

脑筋急转弯

什么时候有人敲门，你绝不会说请进？

答案：在厕所里的时候。

习题 142

1 刻	3 承	4 引	一 抱	6 残			8 神
二 不					■	■	
		三 不				■	
		5 发	■	四 全			
2 无	■	五 号				7 土	■
六 法				■	■		■
	■		■	七 张			
八 天				■	■		■

横向

一、抱着残缺陈旧的东西不放。形容思想保守，不求改进。

二、很不愉快地分手。

三、既非这一类，又非那一类，形容不成样子或没有道理。

四、整个军队全部被消灭。比喻事情彻底失败。

五、大声哭叫。

六、指宽大处理罪犯。

七、挂上灯笼，系上彩绸。形容节日或有喜庆事情的景象。

八、形容儿童思想单纯、活泼可爱，没有做作和虚伪。

纵向

1. 指形势紧迫，一刻也不允许拖延。
2. 旧指不顾国法和天理，任意干坏事。现多形容违法乱纪，不受管束。
3. 子女幼时依于父母膝下，故表示幼年。旧指侍奉父母。
4. 拉开弓却不把箭射出去。比喻善于启发引导。也比喻做好准备暂不行动，以待时机。
5. 发布命令。现在也用来形容指挥别人。
6. 残破、缺少，很不完全。
7. 把简单的设备或技术同现代化的设备或技术结合起来。
8. 像神鬼那样出没无常。形容出没无常，不可捉摸。后泛指行动变化迅速。

习题 143

一 精			二 海	5			7 滥
1 慎	■	■	4 无	三 强			
	2 战	四 弛			6 外	■	
五 事		3 大				■	
				六 安			8 外
■			■	■		■	
七 丰			八 骨				
■	■	■	■	■	■	■	

横向

一、旧时比喻仇恨极深，立志报复。后比喻意志坚决，不畏艰难。

二、中国以外奇怪的说法。比喻没有根据的，荒唐的言论或传闻。

三、我国古代以农为本。加强农业生产，节约费用。

四、形容名声传播得极远。

五、事情不论大小。

六、原就药的疗效而言。后多指安定内部，排除外患。

七、丰润的肌肤，柔嫩的骨骼。形容女子或花朵娇嫩艳丽而有风韵。

八、指亲人分离后又重新团聚。

纵向

1. 谨慎对待微小的事情。
2. 形容强大无比，可以战胜一切。也比喻办任何事情都能成功。
3. 旧指世家望族中有才德的女子。也泛指有钱有势人家的女儿。
4. 对平凡人物的蔑称。
5. 形容外表强壮，内里空虚。
6. 形容外表柔弱，内力刚强。
7. 指过分地或非法地行使自己掌握的权力。
8. 外表有棱角，刚直；内心无棱角，圆滑；指人的外表正直，而内心圆滑。

脑筋急转弯

IX——代表罗马数字9，如何加上一笔，使其变成偶数？

答案：前面加S，英文SIX是6的意思。

第三关

登峰造极

例 1

一	2					二			
	三						7		
								9	
			四 4		6				
五					六				
	3						8		10
1				5	七				
八						九			
			十						

答案

一 胸	2 有	成	竹			二 东	施	效	颦
	三 口	若	悬	河			7 朝		
	皆						令	9 眉	
	碑		四 4 狼	烟	6 四	起	夕	飞	
五 蚕	食	鲸	吞		六 面	不	改	色	
	3 下		虎		楚		8 明	舞	10 掌
1 变	不		咽	5 火	七 歌	舞	升	平	上
八 化	为	乌	有	上		九 弃	暗	投	明
无	例			浇			降		珠
常			十 添	油	加	醋			

横向

一、原指画竹子要在心里有一幅竹子的形象。后比喻在做事之前已经拿定主意。

二、比喻不知道别人好在哪里，自己又没有条件而去胡乱学样，效果适得其反。

三、讲起话来滔滔不绝，像瀑布不停地奔流倾泻。形容能说会辩，说起来没个完。

四、古代边防报警时烧狼粪腾起的烟，指边疆不平静。

五、像蚕吃桑叶那样一步步侵占，像鲸吞食那样一下子吞并。比喻用各种方式侵占吞并别国的领土。

六、形容脸色不变从容镇静的样子。

七、边歌边舞，庆祝太平。有粉饰太平的意思。

八、指全部消失或完全落空变得什么都没有。

九、离开黑暗，投向光明。比喻在政治上脱离反动阵营，投向进步方面。

十、比喻叙述事情或转述别人的话，为了夸大，添上原来没有的内容。

纵向

1. 指事物经常变化，没有规律性。
2. 所有人的嘴都是活的记功碑。比喻人人称赞。
3. 表示只通融这一次下次不可以再这样做。
4. 形容吃东西又猛又急的样子。
5. 往火上倒油。比喻使人更加愤怒或使情况更加严重。
6. 比喻陷入四面受敌、孤立无援的境地。
7. 早晨发布的命令，晚上就改了。比喻经常改变主张和办法，一会儿一个样。
8. 指表面上升官，而实际上被削去权力。
9. 形容人得意兴奋的神态。
10. 比喻接受父母疼爱的儿女，特指女儿。

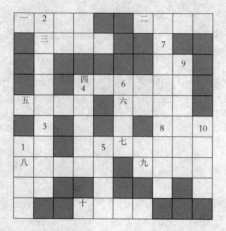

例 2

一1				■	■	7	■	■	10
	■	■	二5				■	■	
三	3			■	■	四			
		■		■	五6				
■		■		■		■	■	■	■
■		■	■	六		8		■	■
	■	七4					■	9	■
八				■	九				■
	■		■	■	■		■		■
	■	十				■	■		■

答案

一1狗	皮	膏	药	■	■	7鬼	■	■	10心
仗	■	■	二5大	刀	阔	斧	■	■	宽
三人	3山	人	海	■	■	四神	不	附	体
势	崩	■	捞	■	五6偷	工	减	料	胖
■	地	■	针	■	梁	■	■	■	■
■	裂	■	■	六改	换	8门	庭	■	■
2玩	■	七4中	流	砥	柱	可	■	9一	■
八物	归	原	主	■	九天	罗	地	网	■
丧	■	逐	■	■	■	雀	■	打	■
志	■	十鹿	死	谁	手	■	■	尽	■

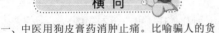

横向

一、中医用狗皮膏药消肿止痛。比喻骗人的货色。

二、原指使用阔大的刀斧砍杀敌人。后比喻办事果断而有魄力。

三、人群如山似海。形容人聚集得非常多。

四、形容极端惊恐或在某种事物诱惑下失去常态。

五、原指商人为了牟取暴利而暗中降低产品质量，削减工料。现也指做事图省事，马虎敷衍。

六、比喻另择新主，另找依靠。

七、就像屹立在黄河急流中的砥柱山一样。比喻坚强独立的人能在动荡艰难的环境中起支柱作用。

八、把物品还给原来的主人。

九、指上下四方设置的包围圈。比喻对敌人、逃犯等的严密包围。

十、原比喻不知政权会落在谁的手里。现在也泛指在竞赛中不知谁会取得最后的胜利。

纵向

1. 比喻坏人依靠某种势力去欺侮他人。
2. 指迷恋于所玩赏的事物而消磨了积极进取的志气。
3. 山岳倒塌，大地裂开。形容响声巨大或变化剧烈。
4. 指群雄并起，争夺天下。
5. 在大海里捞一根针。比喻极难找到。
6. 比喻暗中玩弄手法，以假代真，以劣代优。
7. 像是鬼神制作出来的。形容艺术技巧高超，不是人力所能达到的。
8. 大门之前可以张起网来捕麻雀。形容十分冷落，宾客稀少。
9. 比喻一个不漏地全部抓住或彻底肃清。
10. 原指人心胸开阔，外貌安详。后用来指心情愉快，无所牵挂，因而人也发胖。

习题 144

一	3			■	■	二	7		9
■		■	■	■	■	■		■	
1		■	■	三		6		■	
四	4			■	■			■	
	■		■	5	■		■	■	■
2	■		■	五			8	■	■
	六				■	七			10
	■	■	■		■	■		■	
八				■	九				
■	■	■	■	■	■	十			

横向

一、指一国独一无二的人才。

二、指身处穷困的境地，但仍坚守节操的行为。

三、比喻优点、缺点都有。

四、本指古代乐曲中的换调，现比喻事情起了变化或者随声附和。

五、形容陷入无路可走的困境。

六、原为道教用语，现比喻通过教育，思想得到彻底改造。

七、虽然只有几户人家，也能灭掉秦国。

八、吃饭不用两道肉食，指饮食节俭。

九、比喻竞逐名利。

十、迎合别人的喜好。

纵向

1. 时代变迁，世事也不一样。

2. 原指春秋时被围困百姓交换子女以当食物，后比喻灾民极其悲惨的生活。

3. 古代所谓四民，指读书的、种田的、做工的、经商的。

4. 比喻诗文活用古人之意，推陈出新。

5. 形容达到极深极重的程度。

6. 拿出自己多余的东西给对方进行交换，以得到自己所缺少的东西。

7. 对目前的情况习惯了，不愿改变。

8. 宗派之间的争论。

9. 睡不安宁，形容心事、忧虑重重。

10. 春秋时，秦晋两国不止一代互相婚嫁，泛指两家联姻。

习题 145

横向

一、趁铁烧红的时候锤打它，比喻不失时机抓紧去做。

二、比喻结合紧密，不可分裂。也比喻牢固不变。

三、像飞黄神马似的腾空飞驰。比喻升迁很快。

四、指地位高的官吏和显赫而有权势的人物。

五、每个人见到了都喜爱。

六、指富有财产，气派不凡。也指仗着钱财多而气势凌人。

七、指并排套着几匹马一齐快跑。形容齐步前进不分先后。也可指力量、水平、才能、程度等不相上下。

八、有德者能多受福。

九、既有福气，又做官，享受俸禄。

十、十分完美，毫无欠缺。

纵向

1. 比喻平时默默无闻，突然做出了惊人之举。

2. 普天之下，没有敌手。形容战无不胜，没有对手。

3. 多方面吸收并保留下来。指吸收、招拢多方面的人才或事物。

4. 原意为热气盛大。比喻情绪高涨，气氛热烈。

5. 神话描写神仙、妖魔或得道的人可以乘着云雾在空中飞行。也形容人在身体、精神处于不正常状态的举止。

6. 称颂人福气大，与天相齐。

7. 提升了官职，同时也能获得更多的物质财富。

8. 能文能武，文才和武艺都很出众。

9. 军队拥护政府，爱护人民。

10. 人民安乐，国家太平。

习题 146

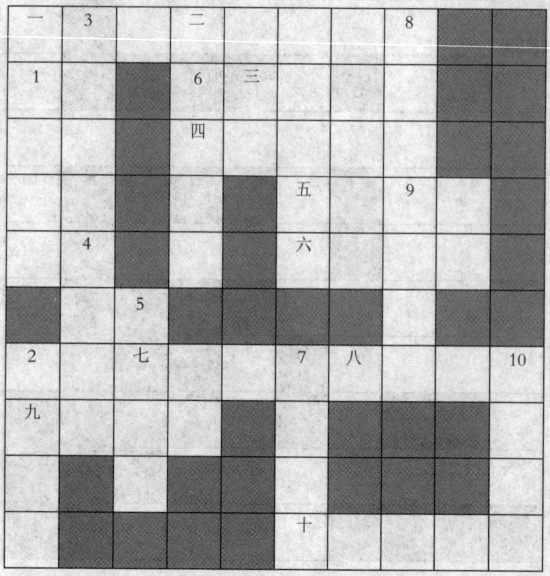

横向

一、表现朋友间的情谊以及惜别的情怀。

二、颂扬功绩和德行。现多含阿谀奉承的意思。

三、贫困时结交的知心朋友。

四、比喻在不应该出现问题的地方又产生了新的问题。

五、用毒药治病毒。喻指用对方使用的厉害手段制服对方。

六、不嫌过于详细。指越详细越好。

七、听任它自然发展，不去过问。形容放任自流。也指尊重客观规律。

八、即苛责别人，要求完美无缺。

九、商议需要较长的时间仔细地考虑商量。指对事情处理时的慎重认真态度。

十、凡事一定亲自处理。形容办事认真。

纵向

1. 制造假的现象以欺骗别人。
2. 喜事从天上掉下来。形容突然遇到意想不到的好事，也指为此特别高兴。
3. 旧指街上做买卖的和没有受过教育的人。
4. 当地生长的。
5. 说的话都相信，出的主意、计谋都采纳。形容对某个人十分信任。
6. 合乎节拍。用以比喻得心应手，运用自如。
7. 指根据实际情况或临时变化，不必请示自行处理的事情。
8. 原指对远方国家联合，对邻近国家攻占的外交策略。后来指利用关系转较远的力量来攻击眼前对手的处世手法。
9. 趁敌人没有防备的时候，突然发动进攻。
10. 投入全部精力，一点没保留。

习题 147

横向

一、荆棘遍地。喻世道艰难。

二、形容人的名声很大。

三、形容心机深沉，毫不外露，难于窥测。

四、形容使人感动或令人震惊。

五、大大损伤风景自然美。形容大大地损伤兴致。

六、高尚的品德，坚贞的节操。形容人的品行高尚。

七、指散佚的文章和句子。

八、比喻志向远大，不怕困难，奋勇前进。

九、温和的风和细小的雨。本指自然现象，现多指用和缓的态度和方式处理问题。

十、比喻自招灾祸，自讨苦吃或自取灭亡。也可比喻主动暴露自己的错误，争取大家的批评和帮助。

纵向

1. 除自身外再没什么别的东西。形容人东西极少。生活简朴或家境贫寒。

2. 各个方面都很威风。形容神气足，声势盛。

3. 城里到处刮风下雨。原形容秋天景色。后形容事情传遍各处，到处都在议论着。

4. 不先破除旧的，就不能建立起新的。

5. 比喻煽动情绪挑起事端。

6. 指万物运动变化迅速。

7. 比喻煽动别人闹事。

8. 连极细小处也不放过。

9. 形容惊恐万状。

10. 逐字逐句仔细推敲。

习题 148

横向

一、结果超过了原来所期望的，因而非常高兴。

二、形容对人外表和气，内心却阴险毒辣。

三、因羞愧而脸红。形容羞愧到极点。

四、写起文章来，文思泉涌，如有神力。形容才思敏捷，文章写得又快又好。

五、精神不守在躯体里。形容精神不集中，心神极不安定。

六、比喻艰苦的日子已经过去，美好的时光已经到来。

七、强调来人不怀好意，要警惕防范。

八、社会风气一天比一天坏。

九、形容事迹十分感人，使人不禁流下眼泪。

十、另有一种构思或设计。指想出的办法与众不同。

纵向

1. 和社会上的人没有争执。多指一种消极回避矛盾的处世态度。

2. 形容心里高兴，满面笑容。

3. 仙人的风度，道长的气概。形容人的风骨神采与众不同。

4. 甘心情愿拜倒在下方。自认不如对方，表示真心佩服。

5. 泛指社会的道德风尚和人们的思想情感等。

6. 像是鬼神所为。形容技艺精湛高超，几乎不为人力所及。

7. 指地位、工作等很卑下，低人一等。也指神态恭顺卑屈。

8. 轻易地了结纠纷，心甘情愿地停止再闹。

9. 安守本分，规矩老实。

10. 舍弃近的，追求遥远的。

习题 149

横向

一、卷起铠甲，收起兵器。

二、兵器上没有沾血。指未经激烈的流血战斗就取得了胜利。

三、比喻顺利解决。

四、指太后临朝管理国家政事。

五、政事通达，人心和顺。形容国家稳定；人民安乐。

六、把马蹄包起，防止马滑倒，把车子钩牢，以防脱落形容走山路险阻。

七、车同轨，书同文。指统一。

八、用瓢来量大海，从竹管的小孔看天空。比喻见识片面狭窄，看不到事物的整体。

九、原指音乐的余音。比喻言外之意，即在话里间接透露，而不是明着说出来的意思。

十、指人的容貌和笑声。常用作怀念之词。

纵向

1. 自瓮中窥天，以瓢来测海。比喻识见短浅。
2. 形容高大宽敞华美的楼阁。
3. 拱手听从命令。
4. 比喻生命垂危。
5. 弦乐器和管乐器。亦泛指音乐。
6. 比喻剩下不多的才华。
7. 不跟仇敌在同一个天底下生活。形容仇恨极深，誓不两立。
8. 形容文件会议多得泛滥成灾。
9. 脱掉军装，回家种地。
10. 泛指乡间父老。

习题 150

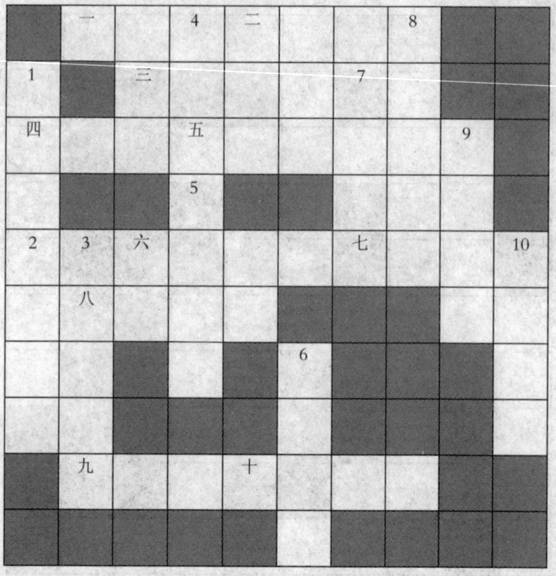

横向

一、人怕出了名招致麻烦。

二、原意是名气大的人一定有真才实学。后比喻名不虚传。

三、原指臣向君主进言很不容易。后指事情做起来并不像说的那样简单。

四、形容说话荒唐毫无根据。

五、指治理国家的才干。

六、一个人做两件事。

七、技艺高超的工匠。

八、拉大车的、做小买卖的。指平民百姓。

九、原指十分想往追求可是得不到。现多用来突出渴求向往的感情。

十、从来没有过。

纵向

1. 指社会秩序极端不安定。形容战时社会动荡不安，混乱的情景。
2. 形容乱糟糟的样子，毫无条理或秩序。
3. 把不相干的事物硬拉在一起说成彼此相干。
4. 不知所说出自何书，有无根据。
5. 典当身体，出卖性命。指奉献出自己的一切。
6. 保持原样，不加变动。
7. 指特殊的才智和能力。
8. 隐隐约约、若有若无的样子。形容空虚渺茫。
9. 原指铺张修饰而无实际内容的言语或文辞。后指虚假而动听的话。
10. 独创性地运用精巧的心思。

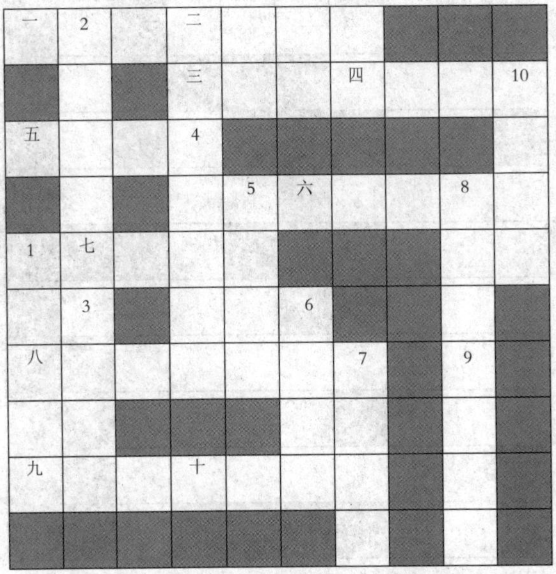

习题 151

横向

一、先前种什么因后来就结什么果。指事情发生的起因和它的结果，指事情的全部过程。

二、果然如此。指事物的发展变化跟预料的一样。

三、成全别人的好事。也指帮助别人实现其美好的愿望。

四、形容美好的事物、景色非常多，人们一时间领略、欣赏不过来。

五、没有时怕得不到，得到后又恐怕失去。指对个人的利害得失斤斤计较。

六、指一场大梦或比喻一场空欢喜。

七、比喻美好事物交相辉映。

八、形容人文才很高。

九、比喻官运亨通，直登高位。

十、比喻不明事理，糊里糊涂。

纵向

1. 江淹的文思已经衰竭。后比喻人的文思枯竭或才气用完了。

2. 因遭遇灾祸之后反而得到福。指对祸患处理得当，坏事变成了好事。

3. 形容高于一切。

4. 指双方擦肩而过。形容当面错过机会。

5. 光亮耀眼色彩鲜明。也用来形容事业的伟大辉煌。

6. 神话描写神仙、妖魔或得道的人可以乘着云雾在空中飞行。也形容人在身体、精神处于不正常状态的举止。

7. 像天地一样公道。形容非常公平合理。

8. 比喻写作能力大有进步。也形容文章写得很出色。

9. 像花枝迎风摆动一样。形容妇女打扮得十分漂亮。

10. 取消已公布的命令或决定。

习题 152

横向

一、百样之中无一有用的。形容毫无用处。

二、调兵遣将如同神人。形容善于指挥作战。

三、比喻掌握我国家政权。

四、比喻说话做事一次就成功。

五、做贼的人总是担心被人发觉，行为不自然。

六、不杀掉庆父，鲁国的灾难就不会停止。比喻不清除制造内乱的罪魁祸首，就得不到安宁。

七、一心一意。

八、指因想念家中妻子却假说母亲有病，比喻企图达到目的而说假话。

九、指作战时延缓对方进兵的计策。借指使事态暂时缓和同时积极设法应付的策略。

十、一句话可以兴国。

纵向

1. 暗中勾结；互相配合；采取一致的言语行动。

2. 暗中射箭杀伤别人。

3. 大门前面可设置网捕雀。形容门庭冷落，来的客人很少。

4. 比喻强大而且有势力的人。

5. 全体团结一心。

6. 精神和体力都极度劳累。

7. 把坏人当做父亲，常指卖身投靠坏人或敌人。

8. 指祖国。

9. 利用对方的计策反过来向对方施计。

10. 原指精于卖货的商人隐藏宝货，不轻易让人看见。后比喻有真才实学的人不露锋芒。

习题 153

横向

一、指扛着枪，将子弹推上枪膛。形容全副武装。

二、江河一天天流向低处，比喻事物日益衰落或局势越来越糟。

三、外有大河，内有高山。指有山河天险作为屏障。

四、指妒悍的妻子对丈夫大吵大闹。

五、才干有限而抱负很大。

六、启发人们深思而有所醒悟。

七、闲着什么事都不干。

八、竭力排除或驳倒他人的议论，使自己的主张占上风。

九、左右的邻居。指相邻的地区、部门、单位等。

十、用尽全部力量。

纵向

1. 形容人的相貌、仪表都很出色。
2. 指关系疏远的人离间关系亲近的人。
3. 与仁者亲近，与邻居友好。
4. 世界的千倍为小千世界；小千世界的千倍为中千世界；中千世界的千倍为大千世界。后泛指广大无边纷纭复杂的世界。
5. 早晨太阳从东方升起。形容朝气蓬勃的气象。
6. 提升了官职，同时也能获得更多的物质财富。
7. 钱财和力量全部用尽。比喻生活陷入困窘的境地。
8. 指昏迷过去，陷入昏迷状态。有时也指不懂人情世理。
9. 比喻作诗圆润精美、敏捷流畅。
10. 头发蓬乱，衣着随便，形容不爱修饰。

习题 154

1	一		6	二				■	■
	■	4		■	7	■	■	■	■
三			四			五			9
2	■			■		■	■	■	
	■		■	■		■	■	■	
	六	5			■	■	8	■	10
3	■		■	七				■	
八								■	
	■	九						■	
十				■	■	■	■	■	■

横向

一、遵守规矩。

二、车辙错乱，旗子倒下。形容军队溃败逃窜。

三、留着位置等待。

四、接待交往各种人物。指平时与人相处。

五、各种事物因种类不同而区分开。

六、长久这样下去。

七、上万里路的远行。形容极遥远的征程。

八、指划分疆界，彼此阻隔。

九、畏缩恐惧的样子。

十、别人摒弃的我拿来。指不与世人共逐名利而甘于淡泊。

纵向

1. 座位没有空着的形容出席的人很多。
2. 指坐具和踩在脚下的东西都很丰厚。比喻祖上遗产丰富，也形容生活优裕。
3. 重视或优待这一方，轻视或冷淡那一方。
4. 成为经常的事。
5. 这里起来那里下去。形容联系紧密，互相配合行动。
6. 比喻死守狭隘经验不知变通，或抱着侥幸心理妄想不劳而获。
7. 风景好看，东西好看不过来。或人、事物太多来不及接待、应付。
8. 形容转战南北，经历了许多战斗。
9. 一个钱也不要。比喻不计报酬。
10. 为正义而牺牲生命。

习题 155

横向

一、随口乱说一气。指说话没有根据不可靠。

二、后形容骂得很凶，使被骂者如淋了狗血的妖人一样，无言以对，无计可施。

三、形容年轻有为，才华出众。

四、指寓褒贬于曲折的文笔之中。

五、比喻众愚不如一贤。

六、形容饮食简单，生活清苦。

七、老练而又富于处世经验。

八、感激别人的恩德。

九、谓道德可与天地匹配。极言道德之高尚盛大。

十、谓另行打算或另想办法。

纵向

1. 挂羊头卖狗肉。意谓名不副实。

2. 为了笼络人而给人的一点好处。

3. 比喻微小的恩德。

4. 原指言语评论如春风能生长万物。后比喻替人吹嘘或替人说好话。

5. 指做事凶狠残忍丧尽天良。

6. 指经历的时间极久。

7. 指得来不易的东西一下子就毁掉了。多指长期劳动的成果或来之不易的东西一下子被毁灭掉。

8. 自己立法却使自己受害。比喻自作自受。

9. 没有道理没有原因。

10. 老花招或老手法又重新施展。

习题 156

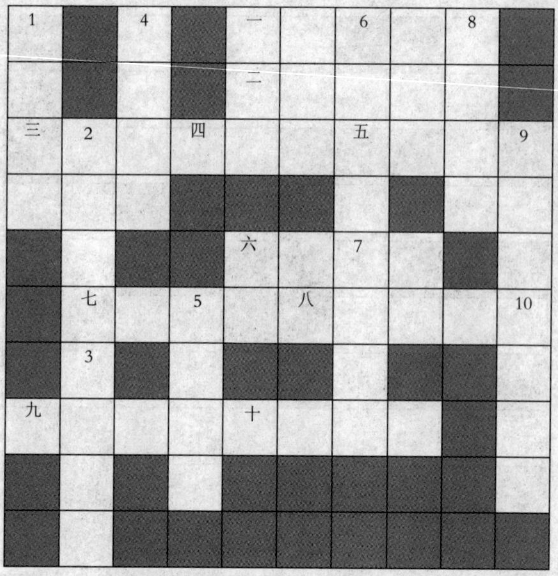

横向

一、比喻艺术及科学的不同派别及风格自由发展与争论。

二、比喻非常勉强。

三、听到一些风声就吓破了胆。形容极度恐惧。

四、形容胆量极大。

五、比喻得到微薄的资助而解救眼前的危急。

六、凤的羽毛，鸡的胆子。比喻外表英武而实际怯弱。

七、情面上不能推却。

八、力争在最短时间内达到目的。

九、悠闲适意，无拘无束。

十、比喻兄弟间因利害冲突而不和。

纵向

1. 全世界都知道，形容非常著名。
2. 一个地方特有的自然环境和风俗、礼节、习惯的总称。
3. 悠闲舒适地过日子。
4. 一句话可以亡国。
5. 符合心意。
6. 犹争强好胜。
7. 比喻吵吵闹闹，彼此不和。
8. 指因极度的疼痛或悲哀，晕过去又活过来。多形容被打得很惨，或哭得很厉害。
9. 形容像鱼鳞或梳篦的齿那样紧密地排列着。多用以形容房屋或船只密集。
10. 一个挨一个，到处都是，形容极其常见。

习题 157

横向

一、因为爱一个人而连带喜爱他屋上的乌鸦。比喻爱一个人而连带关心与他有关系的人或物。

二、不耽误农作物的耕种时节。

三、形容各种意见都有。得不出一致的看法。

四、能弯曲也能伸直。指人根据环境变化的需要既能忍受委屈，又能挺直腰板施展抱负。

五、把苗拔起以助其生长。比喻违反事物发展的客观规律，急于求成，反而坏事。

六、不能告诉别人。多指见不得人的不光明、不正当的用心或行径。

七、人的处境困厄，志向也就小了。

八、因伤感忧闷、苦痛而发出叹息的声音。

九、见到正义的事情勇于去做。

十、指月出日落。

纵向

1. 事先看清问题的能力。指对事物发展的预见性。

2. 违犯法令，破坏纲纪。

3. 指主动要求去完成某项任务。

4. 变得什么都没有了。形容一下子丧失或全部落空。

5. 虽很同情愿意帮助；但限于力量或条件而无法办到。

6. 长声、短声不住地叹气。多为人心情烦闷、郁结不舒的表现。

7. 看到这里就够了不必再看别的。指赞美所见的事物好到极点。

8. 现在是对的过去错了。

9. 不是驴也不是马。形容走了样，什么也不像，不伦不类。

10. 马跑起来不停歇。形容人的行动急促或连续不断地进行工作。

习题 158

横向

一、形容经历过长期受剥削受压迫的艰苦生活。

二、甘愿冒着生命危险。

三、不写成书流传，而是口头相传。

四、高高的帽子，宽宽的衣带。后比喻穿着礼服。

五、全世界都听到名声。形容知名度很高。

六、指天大的谎话。形容漫无边际的假话。

七、又想这样又想那样，犹豫不定。常指不安心，不专一。

八、刨出根子追出底细。

九、随着弓弦的声音而倒下。形容射箭技艺高超。

十、比喻盲目模仿而弄巧成拙。

纵向

1. 共同享受幸福，共同承担苦难。比喻同欢乐共患难。

2. 用于没有慎重考虑就轻率行事的客气话。

3. 指违背自己的良心干坏事。

4. 想的与说的相一致。

5. 因说话引起的误会或纠纷。

6. 性子急，说话不加思考，嘴快。

7. 地域辽阔、物产丰富。

8. 形容知识丰富，记忆力强。

9. 只是记诵书本，以资谈论或应答问难的学问。指对学问未融会贯通，不成体系。

10. 比喻基础牢固、不易动摇。

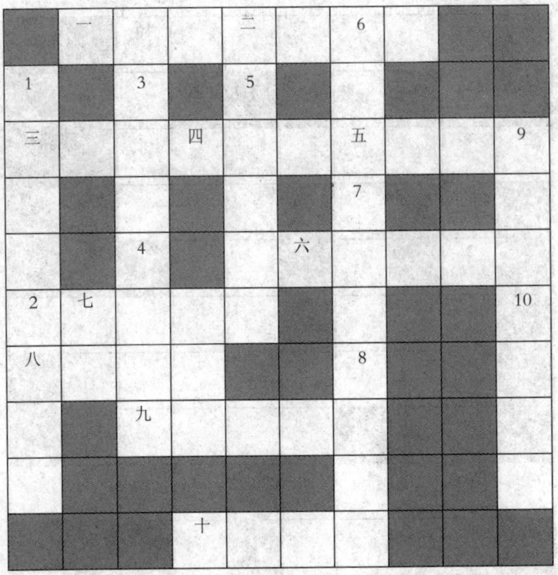

习题 159

横向

一、执行法令像山一样不可动摇。形容执法严厉。

二、指遥远的地方。

三、形容凄凉的情景。

四、看见别人落在井里，还往井下丢石头。比喻乘人之危，加以打击、陷害。

五、比喻为时短暂。

六、形容界限很清楚，区别很明显。

七、用不同于一般的眼光看待。

八、根据毛色判断马的优劣。比喻从表面上看问题，其所得认识往往与实际不符。

九、看风向转动舵柄。比喻看势头或看别人的眼色行事。

十、泛指精美的肴馔。

纵向

1. 笨拙的鸟先飞起来，比喻能力差的人做事时，害怕落到别人后面，比别人先着手做事。
2. 用晚上的时间接上白天。形容日夜不停地工作。
3. 用别人的花进献给菩萨。比喻拿别人的东西做人情。
4. 比喻好意对待，不加伤害。
5. 废井里的青蛙。比喻见识不多的人。
6. 海水干涸，石头朽烂。形容经历极长的时间或不可能实现。多用作誓言，表示意志坚定，永不改变。
7. 形容文辞华丽。
8. 华丽的服装、珍美的饮食。形容生活豪华奢侈。
9. 比喻自己找死。
10. 怒火上升三丈高。形容十分愤怒。

习 题 160

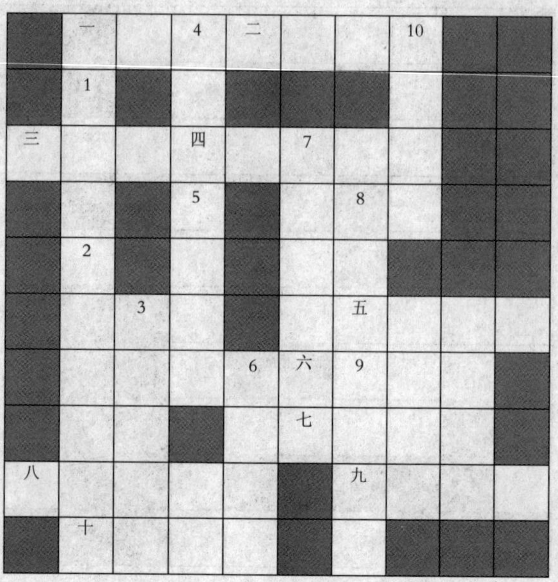

横向

一、原指大自然锦绣般美好的景色。后用来形容内容丰富的长篇文章。

二、指不能通达大义而拘泥于辨析章句的人。

三、比喻旧形式，新内容的意思。

四、在一起只是吃吃喝喝，可以同欢乐而不能共患难的朋友。

五、经得住认真体味。

六、因长期过度劳累而得病。

七、本相完全暴露了。

八、吉光与凤凰的毛羽。比喻艺术珍品。

九、好心好意，不厌其烦地劝说或开导。形容耐心恳切地再三规劝。

十、形容非常吃惊。

纵向

1. 金瓶掉落井底。比喻一去再无音讯。
2. 井底下的青蛙只能看到井口那么大的一块天。比喻见识短浅的人。
3. 比喻品德出众、正直敢谏之人。
4. 定期举行的文酒之会。
5. 相会少，别离多。感慨人生聚散无常或别离之苦。
6. 比喻小的惊吓。
7. 坏人勾结在一起干坏事。
8. 能经受困苦的生活，也禁得起劳累。
9. 身体疲劳，精神困乏。
10. 空有名望。指有名无实。

习题 161

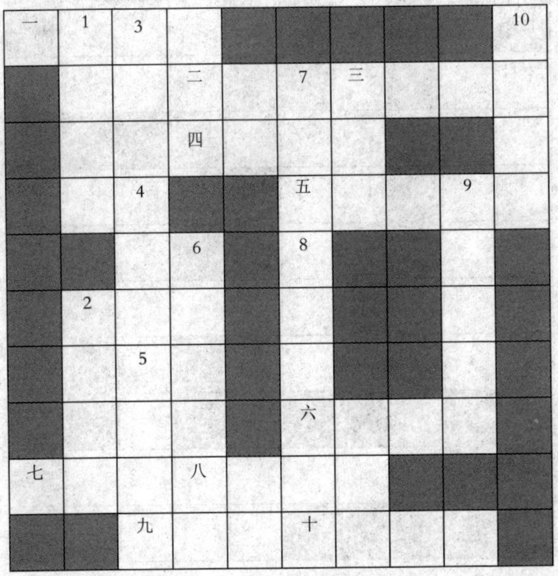

横向

一、形容经历过长期的艰难困苦的生活和斗争。

二、形容看起来庄重体面、光明正大的样子。

三、指天地。旧时迷信天地能主持公道，主宰万物。

四、比喻无辜受祸。

五、指从根本上整顿清理，彻底解决问题。

六、洪水汹涌奔腾溢上山陵。

七、狡猾好捉弄人。

八、在很窄的路上相遇，没有地方可让。后多用来指仇人相见，彼此都不肯轻易放过。

九、运用文词表达思想。

十、含意深刻，耐人寻味。

纵向

1. 指治理、规划国家。
2. 比喻善于钻营。
3. 贪污、舞弊的事情没有了。形容坏事绝迹，社会风气良好。
4. 截取长的，补充短的。比喻用长处补短处。
5. 短命早死，要命。
6. 有意使人处于无法生存下去的境地。
7. 原指军队阵容盛大。后形容光明正大。
8. 正好对上自己的心意。
9. 河的源头很远，水流很长。比喻历史悠久。
10. 比喻土地收益极高，极其贵重。

习题

162

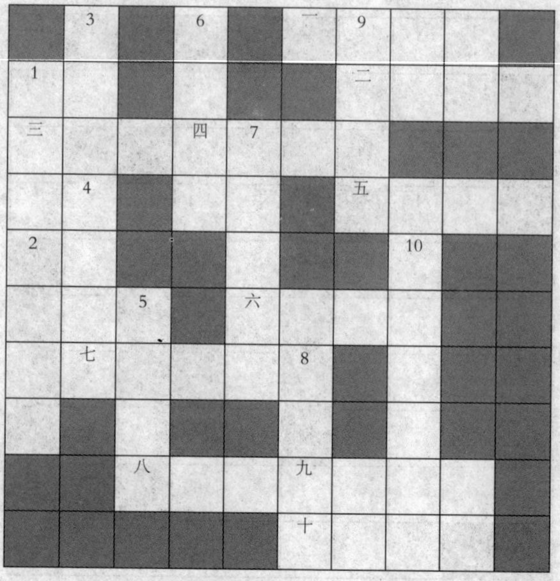

横向

一、鱼腥能招来苍蝇，用鱼驱赶苍蝇，苍蝇更多。比喻行为和目的自相矛盾，只能得到相反的结果。

二、游览和观赏山水风景。

三、形容自高自大，什么都看不见。

四、局势不安定，如同鼎水沸腾。形容天下大乱。

五、比喻实力相当的三股势力对峙。

六、没有时怕得不到，得到后又恐怕失去。指对个人的利害得失斤斤计较。

七、子孙后裔、世世代代。

八、各种光亮、彩色等互相映照。

九、利用雪的反光读书。形容读书刻苦。

十、时日不等待我，应抓紧时间。

纵向

1. 用瞪眼回击瞪眼。比喻用对方使用的手段来回击对方。

2. 完全没有闭眼睡觉。形容繁忙操劳或思虑难眠。

3. 两只手都没有一点东西。指没有一点钱或财产。

4. 空话，谎言或无实际内容的东西。

5. 贤者之间的交情，平淡如水，不尚虚华。

6. 比喻说大话。

7. 指国家内部的变乱和外部的侵略。

8. 遮蔽天空和太阳。形容事物体积庞大、数量众多或气势盛大。

9. 鱼在锅里游。比喻处境十分危险，有即将灭亡的危险。

10. 无故失去良好的时机。

习题 163

横向

一、各在天底下的一边。形容离别后各居一地，相距遥远。

二、比喻同是坏人。

三、形容福气特别大。

四、原为道家语，指神道居住的名山胜地。后多比喻风景优美的地方。

五、虽然一时对恶人无可奈何，但觉得上天不会放过他。

六、饮一斗酒作百篇诗。形容能饮酒善做诗，才情豪放锐敏。

七、十次去九次空着手回来。形容赌博经常输钱。

八、全身受伤，伤痕像鱼鳞一样密。形容伤势很重。

九、指没规矩，无教养。

十、指划分疆域而治。

纵向

1. 形容对情况清楚得就像指点掌上的东西，比喻对事物了解得非常清楚。
2. 自然纯真，毫不造作。多指少年儿童纯真可爱。
3. 原指布满了山坡山冈、田间旷野。形容数量很多、范围很广、声势很大。
4. 原指一个行政区域为民谋福的好长官。后用作祝人旅途平安的客套话。
5. 星斗变换位置，表示季节改变。比喻时光流逝。
6. 自以为做的事情合乎道理，心很坦然。
7. 从来没有过。
8. 有条理，不紊乱。
9. 所得到的补偿不了所失去的。形容不合算。
10. 不分贵贱贤愚，对各类人都进行教育。

习题 164

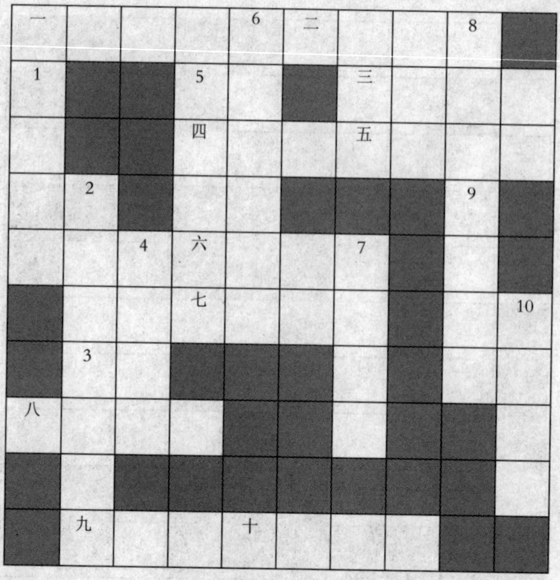

横向

一、不说话，不出声。

二、听人轻柔地歌唱，并自在地慢慢饮酒。

三、内心像不起波澜的枯井。形容心里十分平静或一点也不动情。

四、固执守旧，死报着老规矩不放，不思改革进取。

五、比喻言行所依据的标准原则。

六、比喻沉醉于富丽的环境，也比喻奢侈豪华的生活。

七、一只手把天遮住。形容依仗权势，玩弄手段，蒙蔽群众。

八、能很流利地把书本、诗文或资料倒转过来背。形容读得滚瓜烂熟。

九、犹言报德报怨。

十、怨恨天命，责怪别人。形容遇到不称心的事情一味归咎客观，埋怨别人。

纵向

1. 后来表示按照一定的条理、步骤做事。
2. 形容意志坚定，任何诱惑都不动心。
3. 前后都受到敌人的攻击，处于被动不利的局面。
4. 不慌不忙，得心应手。
5. 本是传说，后形容人能写文章。
6. 奉行公事，遵守国家规定的法令制度，不违法徇私。形容行为端庄、规矩。
7. 天大的谎话。
8. 介绍择取古代之事，用来比照今天的情况。
9. 现在不如过去。
10. 指没有子孙后代。多用作诅咒语。

习题 165

横向

一、指平常人中的特别出众者。

二、形容字写得神采飞扬，如盘旋往返的鹊鸟和鸾鸟。

三、指趁着胜利继续追击。

四、治国安民的才能。

五、形容本末不相称。

六、比喻众美毕集，相得益彰。

七、做事不遵守古训。

八、从古代到现在。泛指很长一段时间。

九、形容包围紧密或防卫严密，连风也透不进去。

十、比喻因父母亡故，孝子不能奉养的悲伤。

纵向

1. 形容车马之盛。

2. 骑在虎背上不能下来。比喻做一件事情进行下去有困难，但情况又不允许中途停止，陷于进退两难的境地。

3. 每战必胜的指挥官。

4. 按照军法严办。

5. 旧时比喻群雄在中原争夺天下。

6. 时常准备着，从不松懈。形容警惕性高。

7. 没有老师的传授就能通晓。

8. 虽违背常道，但仍合于义理。

9. 有了空隙就会招致风吹来。比喻流言乘机传开来。比喻消息或传说不是完全没有来由。

10. 指采用过多的篇幅叙述一件事。形容文辞冗长。

习题 166

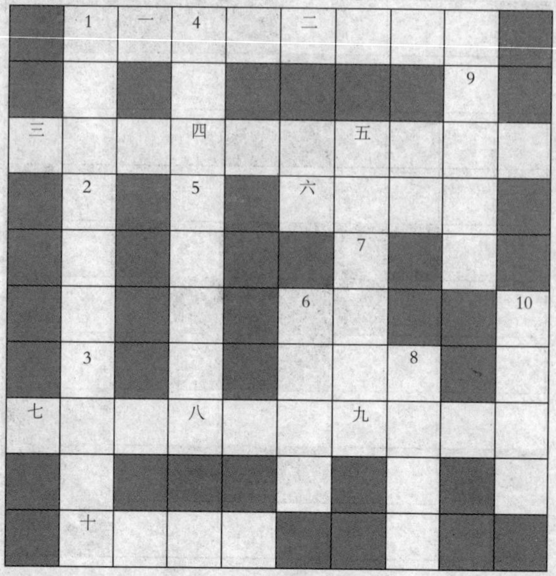

横向

一、没有什么可以依赖的。形容孤独或没有支持。

二、依赖自然条件来过日子。

三、不能将自己拔出来。指陷进很深的境地，难以使自己从中解脱出来。

四、形容力量超人或气势雄伟。

五、指传国的宝物及受命的符。

六、事情在快要成功的时候失败了。多含有惋惜之意。

七、能力小，负担重。犹言力不胜任。

八、看重财利而轻视道义。

九、旧指施舍贫民的食物。

十、听人轻柔地歌唱，并自在地慢慢饮酒。形容一种安乐自在的神态。

纵向

1. 文的武的都行。现常指既能动笔也有实际工作能力。
2. 意思是既动武就不能讲斯文。
3. 指与人作妾或顺从比自己低下者。形容谦虚温顺。
4. 倚天而立，拔地而起。指魁伟雄奇。
5. 即招待外地来的客人，当地主人应尽的义务。
6. 不明事理，行事冒昧。
7. 指辅助君王的正道。
8. 讨杯水喝，却得到了酒。比喻得到的超过所要求的。
9. 将乌龟说成甲鱼。比喻蓄意歪曲，颠倒是非。
10. 钱串子断了，谷子烂了。比喻极其富有。

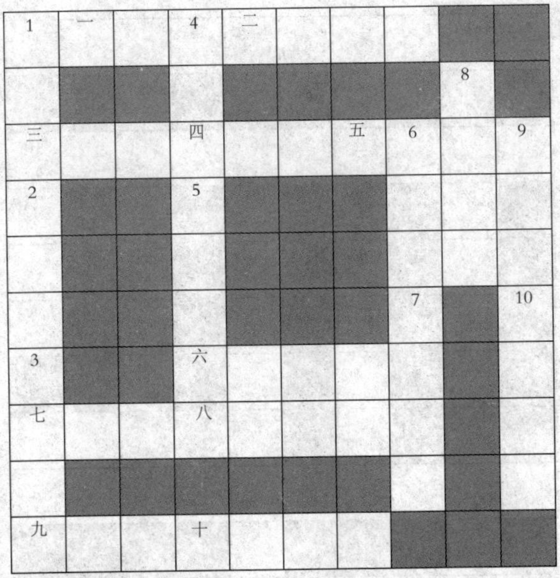

习题 167

横向

一、指事情要靠人去做，在一定的条件下，事情能否做成要看人的主观努力如何。

二、比喻好心得不到好报，将恩作仇。

三、意思是不论生气，还是高兴，总是很美的。

四、形容心里高兴，满面笑容。

五、原为佛教用语，指最初创建寺院的和尚。借指某一学术流派、技艺或事业的创始人。

六、依靠别人的力量办成事情。

七、指心地光明正大，胸怀坦荡。

八、形容言谈举止自然大方，不拘谨。

九、比喻兄弟相残。

十、比喻亲属相残。

纵向

1. 事情要抓紧时机快做，不宜拖延。
2. 指眼神呆滞，不灵活。
3. 眼光像豆子那样小。比喻眼光窄小，见识短浅。
4. 人遇到喜庆之事。
5. 事情的发生是有原因的。
6. 从高处向下望山川起伏，如米聚集在一起一样。
7. 许多蚊子聚集在一起飞，发出的声音会像打雷一样响。比喻许多人说一个人的坏话危害甚大。
8. 寻认祖先，并归还本宗。比喻指回归故土。
9. 为师者地位崇高。
10. 指缝隙严密闭合。

习题 168

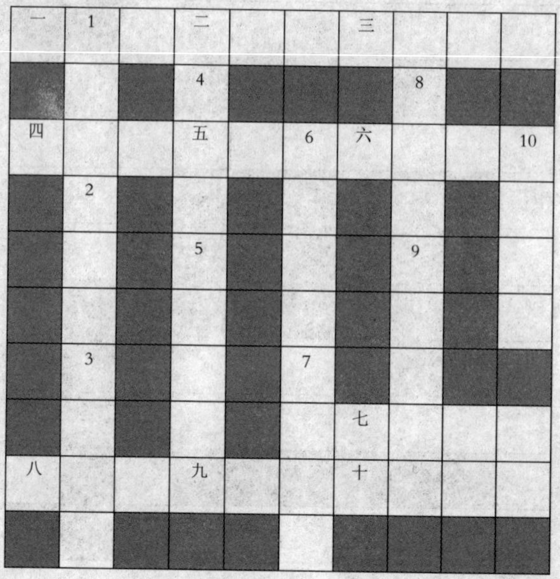

横向

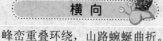

一、峰峦重叠环绕，山路蜿蜒曲折。形容山水名胜路径曲折复杂。

二、把灾祸转变为幸福。

三、祝颂语。谓幸福、长寿、健康、安宁诸福齐备。

四、把对的认为是对的，把错的认为是错的。比喻是非、好坏分得非常清楚。

五、不同于一般的小事。形容事情重要或情况严重，不可忽视。也指人的学问、本领不同寻常。

六、形容英勇悲壮的事迹值得歌颂，并令人感动的流泪。

七、忧喜、祸福彼此相关联。形容关系密切、利害相关。

八、虽很同情，愿意帮助，但限于力量或条件而无法办到。

九、把帮助别人作为一种快乐。

十、在做事情中能得到乐趣。

纵向

1. 比喻犯错的人，只要悔改，就有出路。

2. 比喻政治上的重大变化。

3. 变化又多又快，使人不可捉摸。

4. 使用中需要的本领，与学习中得到的东西不一致。

5. 学习总感到不满足。形容好学。

6. 形容东西小而精致。

7. 数目达到三人即可称为众人，已不算少数。

8. 民间的歌谣、鼓乐。

9. 旧指死了妻子。

10. 哭得噎住了，连声音也发不出来。形容极度悲伤。

习题 169

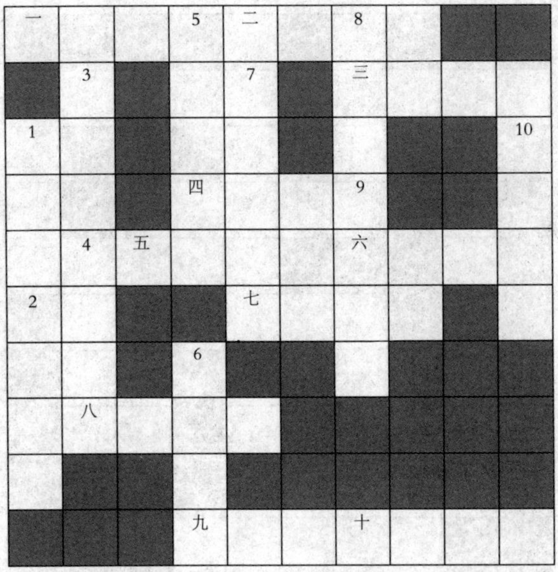

横向

一、蚂蚁想摇动树木，比喻不自量力，企图用微不足道的力量动摇破坏强大的事物。

二、蝉变为成虫时脱去原来的外壳。比喻用计脱身，使对方不能及时发觉。

三、嘴里说得很好，心里想的却是另一套。指心口不一致。

四、指讲话或文章的内容深刻，语言文字却浅显易懂。

五、比喻阴谋已败露。

六、没有预先说明。

七、不停地雕刻。比喻做事或学习有恒心。

八、形容饥饿难忍。

九、事理清楚明白，如看火一般。

十、往火上倒油。比喻使人更加愤怒，或助长事态的发展。

纵向

1. 指构思成熟，然后下笔。

2. 对哲理和社会政治等问题的认识理解比一般人更早的人。

3. 比喻排挤、清除与自己意见不合或利害冲突的人。

4. 视人民的疾苦是由自己所造成，因此解除他们的痛苦是自己不可推卸的责任。

5. 比喻势力强大，根基牢固。

6. 指火在燃烧，火在烘烤。形容心情十分焦灼急迫或疼痛难熬。

7. 指平安无事。

8. 指话语未经思索，随口而言。

9. 说话不客气，没有礼貌。

10. 想到会发生祸患，事先采取预防措施。

习题 170

横向

一、比喻人声喧扰、议论纷纷。形容熙来攘往，非常热闹的情景。

二、发扬长处，避开短处。

三、指见识短浅。

四、形容关系密切，感情融洽，难以取舍。

五、原是佛教用语，指人的本性，后比喻人或事物原来的样子。

六、比喻人有大志，也比喻不自量力。

七、用拳打，用脚踢。形容痛打。

八、指人是有思想感情的，容易为外界事物所打动，不同于无生命、无知觉、无感情的青草树木。

九、担心灾祸临头，恐慌不安。形容心神不安，极其恐惧。

十、路上听说来的，又在路上传播。指随便传说不可靠的消息，或指没有根据的消息。

纵向

1. 形容人情绪激动，声音脸色都很严厉的样子。

2. 指手中没有任何武器。指没有任何可以凭借的东西或形容两手空空，一无所有。

3. 打草时惊动伏在草中的蛇。原比喻惩治甲方以警告乙方或甲受到打击惩处，使乙感到惊慌。后多比喻行动不慎不严密而惊动对方。

4. 使好的优秀的事物现象不断发展，从而更加完善、提高。

5. 后退九十里。比喻为避免冲突，向对方作出回避或让步。

6. 抛弃根本的，而在小事上下工夫。

7. 无路可走。比喻处境极端困难。

8. 相貌丑陋，令人厌恶。

9. 眼睛不忍看。形容景象很凄惨。

10. 认识路的老马。比喻熟悉情况、富有经验的人。

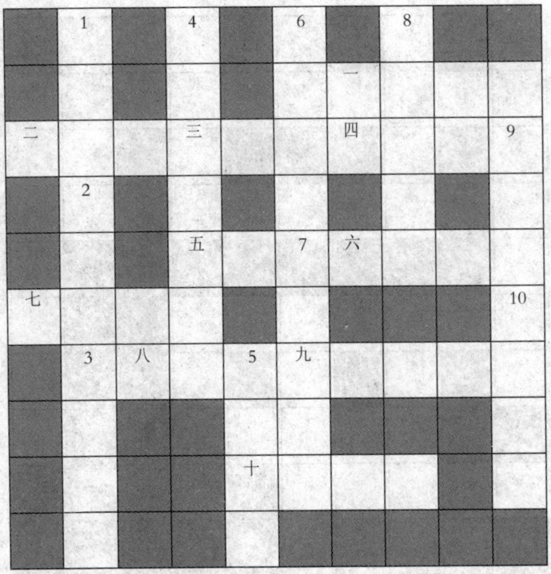

横向

一、指物的同类者互相依从。

二、本指长期借用一直不归还。后指长期告假不回来。

三、想回家的心情像射出的箭一样急。形容想回家的心情十分急切。

四、比喻形势紧张，一触即发。

五、尊敬师长，重视应该遵循的道理。

六、比喻不被重视的人。

七、完全和平常的态度相反。形容态度发生了极大的变化。

八、利用手段使国家、民族或宗教等产生分裂，然后对其进行控制和统治。

九、到死也不变心。形容爱情专一，致死不变。现也形容立场坚定。

十、比喻不从根本上解决问题。也形容情况危急。

纵向

1. 指假装的仁义道德。

2. 做正当合理的事，只有往前，绝不回头。

3. 看看两旁的人而谈起别的事情。形容不能正面回答问题而支吾其词的样子。

4. 指死亡。

5. 治疗疾病，挽救病人。比喻真心诚意地帮助别人纠正错误缺点。

6. 像花一样艳丽，像玉一样美好。形容女子容貌十分美丽。

7. 指用重金悬赏。

8. 超出那一类，高出那一群。形容人的品德、才能超出同类之上。

9. 假设的名字，泛指某人或某些人。

10. 形容不完整，不集中，不团结，不统一。

习题 172

1	■	3	■	一		6		8	■
二			三			四			9
	■		■	■	■		■		
2	■	五					■		
	■	■	■	■	■	■	■	■	10
六			七	5		7	■	■	
	■	4	■		■		■	■	
■	■	八					■	■	
九					■		■	■	■
■	十				■	■	■	■	■

横向

一、好像数自己家藏的珍宝那样清楚。比喻对所讲的事情十分熟悉。

二、寻求彼此的共同处，保留彼此的分歧处。

三、不同于平常。

四、长年累月，形容经过的时间很长。

五、原指国家将亡，人民困苦，因此音乐也多表现为哀思的曲调，后多指颓靡淫荡的歌曲。

六、妻子得到封号，子孙获得世袭官爵。指建立功业，光耀门庭。

七、指全家人。用在表示家族负担。

八、指单方面的愿望或不考虑客观实际情况的主观意愿。

九、愚钝糊涂，没有知识，不通事理。

十、接连不断。

纵向

1. 求助自己比求助他人会得到更多的幸福。

2. 指福气荫及子孙后代。

3. 名义上还有，实际上已经不存在了。

4. 只有这一个，而没有别的可与其相比。形容非常突出。

5. 比喻男女之间或家人之间的感情深厚，难舍难分。

6. 家中日常饭食。也比喻常见的、平常的事。

7. 谨慎小心，一点不敢疏忽。

8. 家中极富财产。

9. 月光普照大地。后多用作友人或恋人相隔遥远，月夜倍增思念的典故。

10. 指妄学别人而愈见其丑。

习题 173

横向

一、一年又一年。

二、过一天觉得好像过一年那么长久。形容日子难熬。

三、表示心里藏着坏主意，怀着害人的意图。

四、心脏因疾病、过劳、排血功能减弱，以至排血量不能满足器官及组织代谢的需要。主要症状是呼吸困难、喘息、水肿等。

五、比喻做事不留余地，只顾眼前。也比喻残酷榨取。

六、原比喻使用诈术进行欺骗。后比喻经常变卦反复无常。

七、国家的经济和人民的生活。

八、形容气势盛大。

九、砸碎锅子、凿沉船只。比喻战斗到底。

十、不止一个，竟然还有配对的。

纵向

1. 比喻不解决问题，只招致危险。
2. 形容为了逃避灾祸而到处躲藏。
3. 危害国家，残害人民。
4. 社会安定，物资丰富。形容太平盛世的景象。
5. 年纪衰老，寿命将尽。
6. 形容精神萎靡不振，缺乏朝气。
7. 单独行动，没人帮助。
8. 笔一挥就写（画）成了。
9. 比喻双方争执不下，两败俱伤，让第三者占了便宜。
10. 形容因贪图私利，使人头脑发昏，甚至失去理智。

习题 174

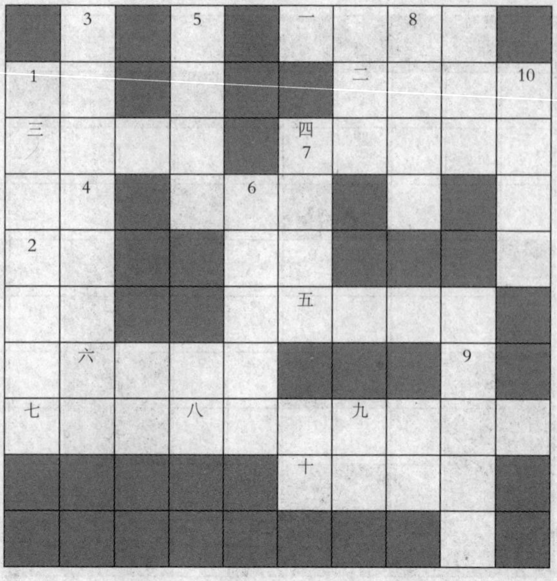

横向

一、居家应节俭，出门要多带盘缠，免遭困窘。

二、不能得到很多。形容稀少，很难得到。

三、形容气势之大，比山河还要雄壮。

四、指全体一致痛恨敌人。

五、比喻男子对所爱女子的照顾体贴。

六、赞不绝口。

七、指用重金悬赏。

八、比喻古时君主对人民表示关切，为政宽仁。

九、判处死刑也抵偿不了所犯的罪恶。形容罪恶极大。

十、引用经典著作作为立论的依据。

纵向

1. 气不壮，没力量。形容精神不振。
2. 能力小，负担重。
3. 指水的波涛浩渺广阔。比喻声势雄壮有力，规模宏大。
4. 指大发不切实际的空洞言论或广博高妙的议论。
5. 黄河水清，大海波平浪静。比喻太平盛世。
6. 不必开口说什么。多表示要求不会得到同意。
7. 比喻因有同样的遭遇或痛苦而互相同情。
8. 私人拥有的财富可与国家的资财相匹敌。形容极为富有。
9. 形容文气舒缓，辞藻优美而不俗。
10. 得到天然的特别优厚的待遇。形容所处的自然环境或具备的客观条件特别好。也指人的际遇、天赋非常好。

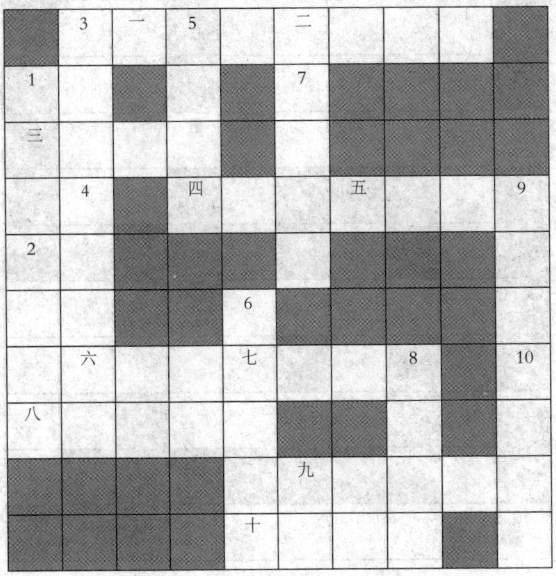

习题 175

横向

一、像坐在云里雾里。比喻头脑糊涂，不能辨析事理。

二、原形容年老视力差，看东西模糊，后也比喻看事情不真切。

三、国家、社会长期太平安宁。

四、椅子还没有来得及坐热就站起来了。形容很忙，多坐一会儿的时间都没有。

五、形容生活富裕，衣食丰足。

六、比喻兄弟二人一起获得功名。

七、兰花的香气满全身。比喻举止闲雅，风采极佳。

八、技艺没有终点，没有止境。

九、形象或文字十分粗俗，使人看不下去。

十、错误或坏事刚冒头就及时制止，不让它发展。

纵向

1. 比喻时间拖久了，事情就可能发生意想不到的变化。
2. 具有多方面的才能和技艺。
3. 整治家庭和治理国家。
4. 指国中独一无二的人才。
5. 形容心中有事，坐立不安。
6. 把自己看做是仅有的香花而自我欣赏。比喻自命清高。也指脱离群众，自以为了不起。
7. 每天都没有一点空闲。形容非常繁忙。
8. 形容对人照顾和关怀非常细心周到。
9. 吃自己儿子的肉以媚主邀功。
10. 双方不经过书面签字，只以口头承诺或交换函件而订立的协定，它与书面条约具有同等的效力。

习题 176

横向

一、指有名望的权贵。

二、匡正国事，改革敝俗。

三、不过如此而已。有轻视人的意思。

四、意思是我骗你，你骗我，互相欺骗。

五、假装败阵，引人上当。

六、仍旧是原来的我。形容情况仍然没有变化。

七、向来不认识。

八、指时运不济。

九、炉灶淹没在水中，有了青蛙。形容水患之甚。

十、蛙声和蝉声，使人听了厌烦。比喻拙劣的议论或文章。

纵向

1. 比喻纠正错误超过了应有的限度。
2. 冲去脏水，使清水涌流。比喻批评过错，扬善除恶。
3. 没吃没喝。常用来形容贫困冷清的景象。
4. 心情不舒畅，好像丢掉了什么东西似的。
5. 形容男女相爱，十分亲昵，情意绵绵。
6. 不管人家怎样说，仍旧按照自己平素的一套去做。
7. 败坏社会风气。多用来谴责道德败坏的行为。
8. 老马能认识走过的道路。比喻年纪大的人富有经验。
9. 假装哑巴聋子。指置身事外。
10. 形容胆量极大。

习题 177

横向

一、原形容年老视力差，看东西模糊，后也比喻看事情不真切。
二、自成一家的学派。
三、勤于经营谋划，防患未然。
四、指有计谋的大臣和勇猛的战将。
五、用本钱谋求利润。
六、嘴舌笨拙。形容不善于讲话。
七、指同很多人辩论，并驳倒对方。
八、表示黑夜将尽。
九、坐在一边，观察别人的成败，即对别人的成功或失败持旁观的态度。
十、房毁墙坍。形容村舍荒凉。

纵向

1. 大水来了用土去掩盖。比喻针锋相对，用各种办法战胜敌人。
2. 堵住人家耳朵，遮着人家的眼睛。比喻用假象迷惑欺骗人。
3. 眼睛不往旁边看。形容目光庄重，神情严肃。
4. 能力低下而谋划很大。
5. 真正灵巧的人不自炫耀，表面上却好像很笨拙。
6. 指遭贬官放逐之人。
7. 形容动作或手脚不灵活。
8. 赤舌如火，足以烧城。比喻毁谤或挑拨离间的话非常伤害人。
9. 指特别擅长的技能。
10. ①文雅而飘逸。②指风雅醇正。

习题 178

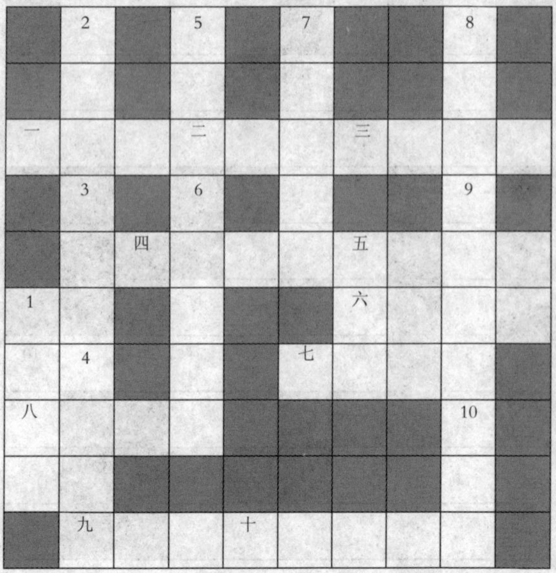

横向

一、心情平稳，态度冷静，不鲁莽行事。

二、血气方刚。精力正值旺盛。

三、孔子称颂人的四种品质。

四、犹言勇士精兵。

五、泛指旧社会统治阶级荒淫无耻的生活。

六、还不算晚，可以弥补。

七、形容筋疲力尽的样子。也形容极其害怕的样子。

八、把各方面的知识和道理融化汇合，得到全面透彻的理解。

九、百年，高寿的意思。

十、寿命像南山那样长久。用于祝人长寿。

纵向

1. 亲爱和睦的样子。
2. 一心一意。
3. 思思前头，想想后头。反复考虑事情的原因和结果。
4. 以后何时相会还没有一定的日期。
5. 理由正确、充分，说话的气势就很盛。
6. 勇士手腕被蝮蛇咬伤，就立即截断，以免毒性扩散全身。比喻做事要当机立断，不可犹豫不决。
7. 像太阳刚刚升起一样。比喻正处于兴盛阶段，有广阔的发展前途和坚强的生命力。
8. 愣着不动，像只木头鸡。形容人痴或因惊恐而发愣的神态。
9. 形容乡村的安静生活。
10. 比喻对事物现象不经心，失去警觉，粗心大意。

习题 179

横向

一、指对待同一问题，其见解因人而异，各有道理。

二、智谋和勇敢两方面都齐备。指既有智慧又很勇敢。

三、全部精神集中在一点上。形容注意力高度集中。

四、一向不了解。指与某人从来不认识。

五、能看出人的品行才能的眼力。

六、指表面上升官，而实际上被削去权力。

七、指朋友或亲人在长久分别之后再次见面。

八、有迷信的人认为祈求神灵，就能使遭遇到不幸的灾难转化为吉祥、顺利。

九、太阳升起有三根竹竿那样高。形容太阳升得很高，时间不早了。也形容人起床太晚。

十、比喻虽已达到很高的境地，但不能满足，还要进一步努力。

纵向

1. 对同一个问题，仁者看见说它仁。指对同一个问题，不同的人有不同的看法。

2. 原指仁爱而有节操，能为正义牺牲生命的人。现在泛指爱国而为革命事业出力的人。

3. 分开了三天就不能以老眼光看待了。

4. 很有智慧的人表面上好像很愚蠢。

5. 非常愚笨，糊涂，又没有知识。

6. 配成一对。

7. 超出神妙，进入化境。形容技艺达到非常高超的境界。

8. 绿柳成荫、繁花似锦的美丽景象。也比喻又是一番情景或进入一种新的境界。

9. 赌徒在输急了的时候把所有的钱并作一次押上去，以决最后输赢。比喻在危急时用尽所有力量做最后一次冒险。

10. 尊贵的人委曲自己的身份与地位较低的人交往。

习题 180

横向

一、喝酒后醉得一塌糊涂。

二、顽固地坚持自己的意见，不肯改变。

三、形容有充分把握，绝对不会出差错。

四、微小的才能。

五、发誓立志，决不改变。

六、旧指施舍贫民的食物。

七、指全中国。

八、拯救祖国的危亡，谋求民族的生存。

九、事物处在生存或灭亡、断绝或延续的关键时刻。形容局势万分危急。

十、截短仙鹤的长腿，接长野鸭的短腿。比喻做事生搬硬套，违反规律。

纵向

1. 什么都依从。形容一切都顺从别人。
2. 见到别人面临死亡威胁而不去救援。
3. 没有地方可以让自己容身。形容非常羞愧。
4. 各人坚持各人的说法。形容意见不一致。
5. 指说话写文章不能确切地表达出意思和感情。
6. 一碗浆，十个饼。比喻小恩小惠。
7. 志向宏伟、道德高尚的人。指热爱祖国献身事业的人士。
8. 移动山岳，造出大海。比喻人类征服自然的伟大力量和气魄。
9. 醉翁的意趣。后比喻本意不在此，而在别的方面。或比喻别有用心。
10. 形容人的才学高，容貌姣美。

习题 181

横向

一、比喻夫妻离异，无法挽回。

二、比喻顾虑多。

三、指司马懿、司马师、司马昭，为外姓谋位之典故。

四、增损一字，赏以千金。形容文辞精妙，不可更改。

五、一种花独自开放。常比喻缺少各种不同形式、风格的艺术作品。

六、指使用刁钻狡猾的一套手段。形容极不讲理。

七、用以比喻不可挽回的局面。

八、无路可走。指陷入绝境。

九、路上没有人把别人丢失的东西捡走。形容社会风气好。

十、趁着虚弱疏漏的地方进入。

纵向

1. 说话算数，确定不移。

2. 把一件主要的事情了结以后，其余有关的事情也跟着了结。

3. 骑在奔跑的马上看花。原形容事情如意，心情愉快。比喻大略地观看一下。

4. 不止一个，竟然还有配对的。

5. 指投机取巧。

6. 形容不畏艰险，在前开道。

7. 形容水域辽阔。

8. 一千年也遇不到。形容极难得到的机会。

9. 原指卖艺要遇到适当的地方就开场表演。后用以比喻在一定的场合下随意应酬；偶尔凑凑热闹。

10. 指初虽有失，而终得补偿。后指事犹未晚，尚可补救。

习题
182

横向

一、天的最高处。比喻无限高远的地方。

二、比喻贤者择主而事。

三、用木头雕刻或泥土塑造的偶像。形容人呆板不灵活或神情呆滞。

四、在风雨中止息。形容奔波辛劳。

五、原指花木遭受风雨摧残。比喻恶势力对弱小者的迫害。也比喻严峻的考验。

六、旧时指大臣尽忠，小臣尽职。

七、指天子居于百官之上，其尊严不可企及。旧比喻帝王尊严。

八、形容人才能出众，行动快。

九、文雅而飘逸。谓风雅醇正。

十、形容春残的景象。也比喻好时光的消逝。

纵向

1. 张良借（刘邦的）筷子为他筹划指点。比喻出谋划策。
2. 在犯罪的当地执行死刑。
3. 根据人的才能选授适当的官职。
4. 原指官场上有固定套式的例行公文。现比喻徒具形式，摆摆样子，没有实际内容的文章、言词或做法。
5. 指不能通达大义而拘泥于辨析章句的儒生。
6. 在山林隐居。亦指隐居的人。
7. 比喻消失。也比喻悬殊极大。
8. 没有月光，风又很大。旧时形容盗匪趁机作案的天气。
9. 鸡飞走了，蛋也打碎了。比喻两头都没顾上，造成双重损失。
10. 比喻极轻微的力量。

习题 183

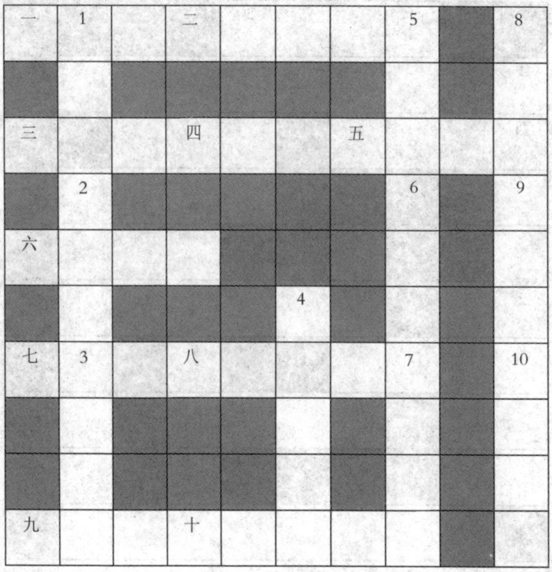

横向

一、形容车马之盛。

二、比喻做事遇到困难，又不能停下，进退两难。

三、把衣服脱给别人穿，把食物让给别人吃。

四、吃不饱肚子。

五、比喻居心险恶，不可接近。

六、比喻一下子就取得胜利。

七、指思想保守的人。

八、人家怎么说，自己也跟着怎么说。指没有主见。

九、形容陷入无路可走的困境。

十、形容社会安宁，风气良好。

纵向

1. 驾驭肥壮的马，穿着贵重的衣服。形容生活奢侈豪华。
2. 手脚动作很轻，没有响声。
3. 形容走得非常快，好像脚尖没有着地。
4. 不也很快乐的吗？后用以形容事态发展到过甚的地步。
5. 形容整齐，有条有理。
6. 比喻深入精微，融会贯通。
7. 把现在和古代联系起来。
8. 比喻人具有军事才能。
9. 军队已来到城墙下面。比喻遭到围困。
10. 指不知道要寻找的人或物在什么地方。

习题 184

横向

一、指出卖国家利益谋取个人荣华富贵。

二、比喻欣赏、体味或领会诗文的精华。

三、对上古贤者唐尧的三个美好祝愿。

四、指困顿窘迫的样子。

五、讥诮显贵者不念旧交。也嘲讽人健忘。

六、把砖石磨成镜子。比喻事情不能成功。

七、正经的，严肃认真的。

八、戟被折断沉没在泥沙里。形容失败得十分惨重。

九、没有经过认真准备和严密组织，一下子行动起来。

十、下面的情况或意见能够通达于人。

纵向

1. 比喻自己把坏人或敌人招引进来。

2. 指廉洁奉公，不徇私情。

3. 背离、违反儒家经典和道德、教条。泛指背离占主流地位的思想、言论或学说的行为。

4. 形容受磨难、遭曲折之多。

5. 旧时形容有钱有势。现比喻兴盛或显达。

6. 把别人的成败得失作为自己的借鉴。

7. 泥土和沙石跟着水一起流了下来。比喻好坏不同的人或事物混杂在一起显现出来。

8. 人多势力大。

9. 形容得意或兴奋得失去常态。

10. 举止和神情很值得怀疑。

习题 185

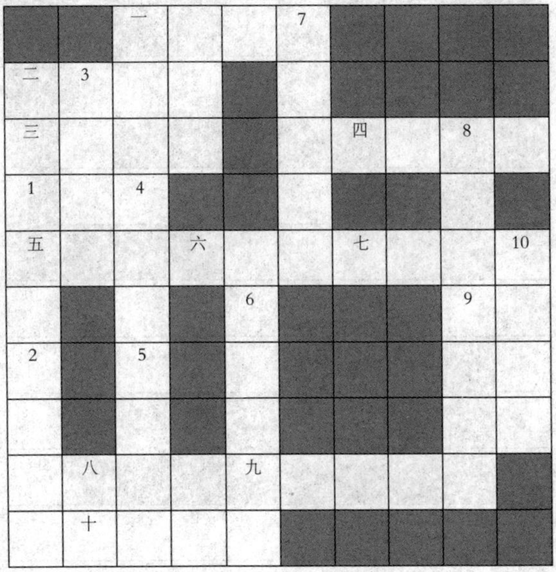

横向

一、比喻夫妻离异，无法挽回。

二、比喻顾虑多。

三、指司马懿、司马师、司马昭，为外姓谋位之典故。

四、增损一字，赏以千金。形容文辞精妙，不可更改。

五、一种花独自开放。常比喻缺少各种不同形式、风格的艺术作品。

六、指使用刁钻狡猾的一套手段。形容极不讲理。

七、用以比喻不可挽回的局面。

八、无路可走。指陷入绝境。

九、路上没有人把别人丢失的东西捡走。形容社会风气好。

十、趁着虚弱疏漏的地方进入。

纵向

1. 说话算数，确定不移。
2. 把一件主要的事情了结以后，其余有关的事情也跟着了结。
3. 骑在奔跑的马上看花。原形容事情如意，心情愉快。比喻大略地观看一下。
4. 不止一个，竟然还有配对的。
5. 指投机取巧。
6. 形容不畏艰险，在前开道。
7. 形容水域辽阔。
8. 一千年也遇不到。形容极难得到的机会。
9. 原指卖艺要遇到适当的地方就开场表演。后用以比喻在一定的场合下随意应酬；偶尔凑凑热闹。
10. 指初虽有失，而终得补偿。后指事犹未晚，尚可补救。

习题 186

横向

一、指灌输智慧，使人彻底觉悟。比喻听了高明的意见使人受到很大启发。也形容清凉舒适。

二、有了家产，有了事业。

三、差不多每家每户都有可受封爵的德行。用以泛指风俗淳美。

四、长年累月，形容经过的时间很长。

五、月亮已落，参星横斜，形容夜深。

六、形容将士威风凛凛，准备冲杀作战的英勇姿态。

七、按照军法严办。

八、原意是名气大的人一定有真才实学。后比喻名不虚传。

九、情虚胆怯，低声下气的样子，也指虚情假意。

十、 犹如气吞山河。形容气魄宏大。

纵向

1. 受教不必有固定的老师。

2. 意为出兵有正当的理由。

3. 罪恶多得像穿钱一样，已经穿满了一贯还没完。形容罪大恶极已经到该受惩罚的时候了。

4. 形容文辞冗长。

5. 旧称生贵子的吉兆。形容心胸开阔。也比喻光彩夺目。

6. 忽而出现，忽而隐藏，没有一定的规律，令人无法捉摸。

7. 众多人家。

8. 专管户籍的州县属官。

9. 各自到自己的岗位上。

10. 比喻不停顿地向前走。

习题 187

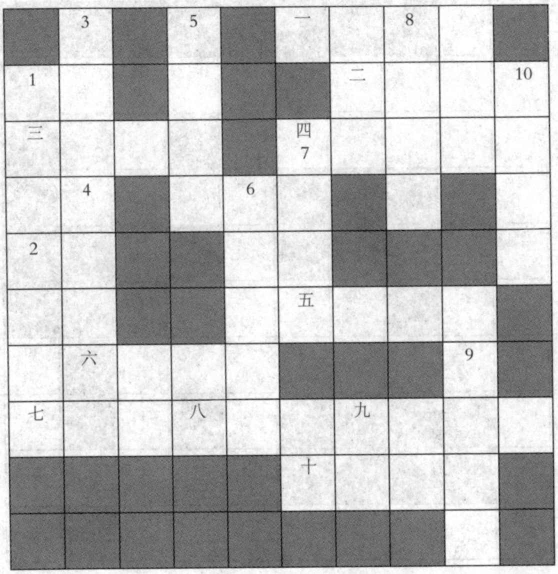

横向

一、居家应节俭，出门要多带盘缠，免遭困窘。

二、不能得到很多。形容稀少，很难得到。

三、形容气势之大，比山河还要雄壮。

四、指全体一致痛恨敌人。

五、比喻男子对所爱女子的照顾体贴。

六、赞不绝口。

七、指用重金悬赏。

八、比喻古时君主对人民表示关切，为政宽仁。

九、判处死刑也抵偿不了所犯的罪恶。形容罪恶极大。

十、引用经典著作作为立论的依据。

纵向

1. 气不壮，没力量。形容精神不振。
2. 能力小，负担重。
3. 指水的波涛浩渺广阔。比喻声势雄壮有力，规模宏大。
4. 指大发不切实际的空洞言论或广博高妙的议论。
5. 黄河水清，大海波平浪静。比喻太平盛世。
6. 不必开口说什么。多表示要求不会得到同意。
7. 比喻因有同样的遭遇或痛苦而互相同情。
8. 私人拥有的财富可与国家的资财相匹敌。形容极为富有。
9. 形容文气舒缓，辞藻优美而不俗。
10. 得到天然的特别优厚的待遇。形容所处的自然环境或具备的客观条件特别好。也指人的际遇、天赋非常好。

习题
188

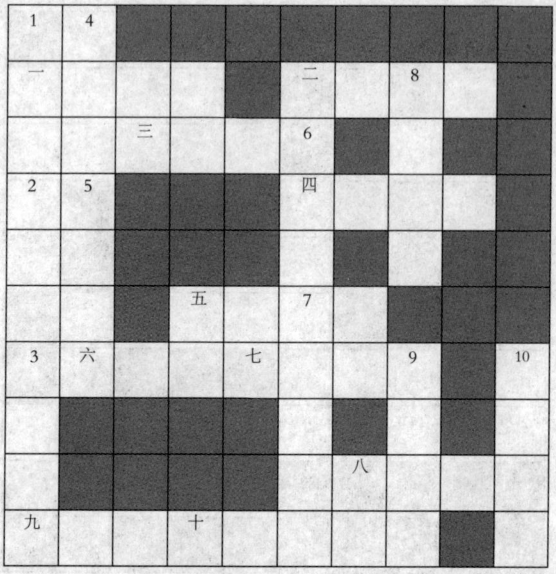

横向

一、陈腐、空泛、不切实际的论调。

二、顺着风势吹火，比喻因势乘便，不费力气。

三、指死得有价值，有意义。

四、对同一个问题，不同的人从不同的立场或角度有不同的看法。

五、用博大的仁爱之心去看待所有的人以及禽兽。比喻平等待人，不分厚薄亲疏。

六、饮水要明白它的来源。比喻不忘本。

七、源头和根本。多用以指事情的始末。

八、作品好过唐代诗人元稹和白居易。用来比喻作品胜过同时代有名的作家。

九、指死亡。

十、不出声，不露面。形容隐藏起来或不公开露面。

纵向

1. 推出粮仓里的旧粮，更换新粮。引申为剔除旧事物中的糟粕，吸取精华，使之向新的方向发展。
2. 新仇加旧恨。形容仇恨深。
3. 恨到骨头里去了。形容怀恨极深。
4. 指清新美丽的词句。
5. 一字一句都推敲、斟酌。形容说话、做文章严谨慎重。
6. 所持的见解大致相同。
7. 有同一源头、流向。比喻同一，统一。
8. 比喻见效快。
9. 形容把主要的和次要的、重要的和不重要的、本质的和非本质的弄颠倒了。
10. 指大白天。也比喻明显的事情或高洁的品德。

一			5	二		8		■	■
■	3	■		7	■	三			
1		■			■		■	■	10
		■	四			9	■	■	
	4	五				六			
2		■	■	七				■	
		■	6	■	■		■	■	■
	八				■	■	■	■	■
	■	■		■	■	■	■	■	■
■	■	■	九			十			

习题 189

横向

一、蚂蚁想摇动树木，比喻不自量力，企图用微不足道的力量动摇破坏强大的事物。

二、蝉变为成虫时脱去原来的外壳。比喻用计脱身，使对方不能及时发觉。

三、嘴里说得很好，心里想的却是另一套。指心口不一致。

四、指讲话或文章的内容深刻，语言文字却浅显易懂。

五、比喻阴谋已败露。

六、没有预先说明。

七、不停地雕刻。比喻做事或学习有恒心。

八、形容饥饿难忍。

九、事理清楚明白，如看火一般。

十、往火上倒油。比喻使人更加愤怒，或助长事态的发展。

纵向

1. 指构思成熟，然后下笔。
2. 对哲理和社会政治等问题的认识理解比一般人更早的人。
3. 比喻排挤、清除与自己意见不合或利害冲突的人。
4. 视人民的疾苦是由自己所造成，因此解除他们的痛苦是自己不可推卸的责任。
5. 比喻势力强大，根基牢固。
6. 指火在燃烧，火在烘烤。形容心情十分焦灼急迫或疼痛难熬。
7. 指平安无事。
8. 指话语未经思索，随口而言。
9. 说话不客气，没有礼貌。
10. 想到会发生祸患，事先采取预防措施。

习题 190

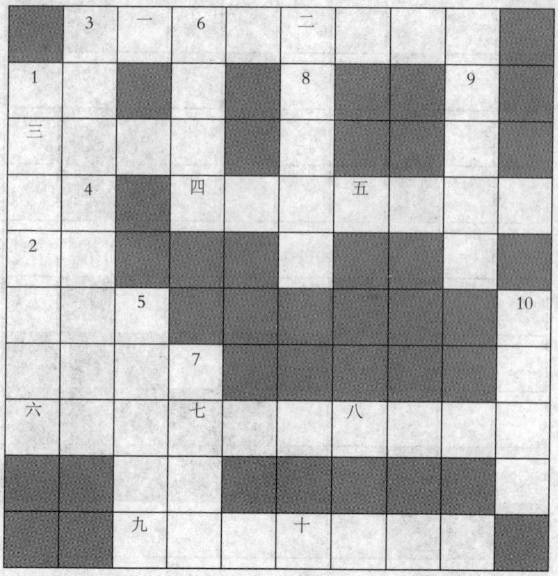

横向

一、比喻腐朽势力或事物很容易被摧毁。

二、烂竹竿作篙推舟。比喻做事的工具或条件不佳，难能成就。

三、像浮萍随水漂泊，偶然聚在一起。比喻互不相识的人偶然相遇。

四、比喻迅猛之势。

五、偷取炉火里烤熟的栗子。比喻冒险为别人出力，自己上了当却一无所得。

六、变成像水泡和影子那样，很快就消失。

七、指孤独一个人。

八、仅有的证据。意谓不足凭证。

九、形容小声说话。

十、言语精妙，无与伦比。

纵向

1. 随波逐流的浮萍和植物的断茎。比喻漂泊无定的身世。
2. 十分顽固，无法感化。
3. 不能适应移居地方的气候和饮食习惯。
4. 旧社会农村中有钱有势的地主、恶霸和品行恶劣的退职官僚。
5. 本指依照一定的方法制作中药。现指比喻照着现成的样子做。
6. 枯树又重获生机。比喻绝境逢生。
7. 一条狗看见生人叫起来，很多狗听到叫声也跟着叫起来。比喻不察真情，跟着别人后面盲目附和。
8. 旧指闲散自在，不求名利的人。
9. 指用虚夸的言论行动迎合群众，以博得他们的好感和信任。
10. 引述古事来论证今事。

习题 191

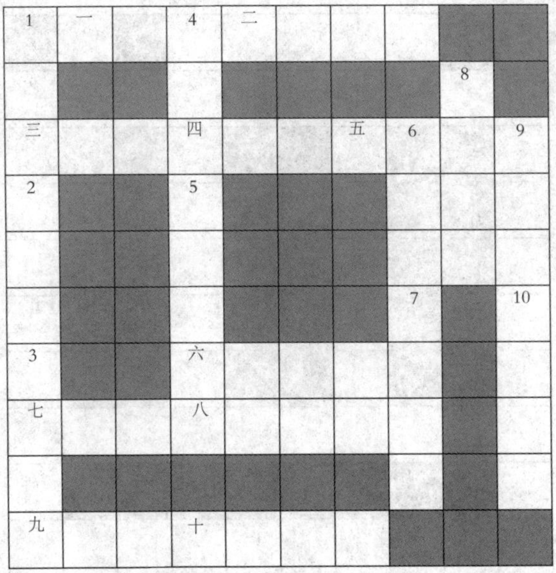

横向

一、指事情要靠人去做，在一定的条件下，事情能否做成要看人的主观努力如何。

二、比喻好心得不到好报，将恩作仇。

三、意思是不论生气，还是高兴，总是很美的。

四、形容心里高兴，满面笑容。

五、原为佛教用语，指最初创建寺院的和尚。借指某一学术流派、技艺或事业的创始人。

六、依靠别人的力量办成事情。

七、指心地光明正大，胸怀坦荡。

八、形容言谈举止自然大方，不拘谨。

九、比喻兄弟相残。

十、比喻亲属相残。

纵向

1. 事情要抓紧时机快做，不宜拖延。

2. 指眼神呆滞，不灵活。

3. 眼光像豆子那样小。比喻眼光窄小，见识短浅。

4. 人遇到喜庆之事。

5. 事情的发生是有原因的。

6. 从高处向下望山川起伏，如米聚集在一起一样。

7. 许多蚊子聚集在一起飞，发出的声音会像打雷一样响。比喻许多人说一个人的坏话危害甚大。

8. 寻认祖先，并归还本宗。比喻指回归故土。

9. 为师者地位崇高。

10. 指缝隙严密闭合。

习题 192

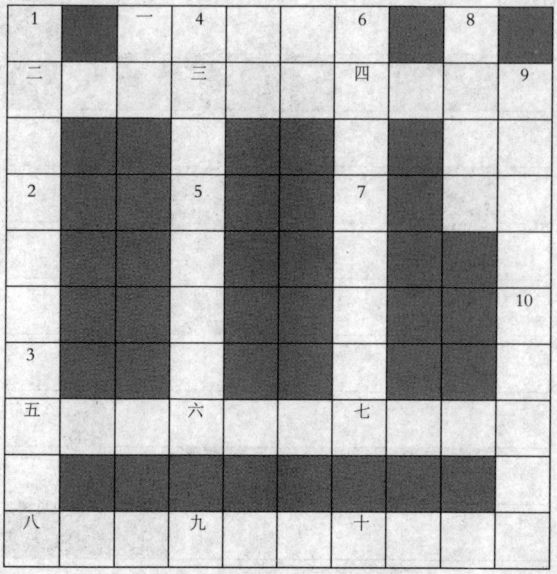

横向

一、指敌对的双方不能同时存在。比喻矛盾不可调和。

二、泛指别离、团聚、悲哀、喜悦的种种遭遇和心态。

三、欢呼声像雷声一样响。形容热烈欢乐的气氛。

四、动不动就受到指责或发难。

五、一心为公没有私心。也指处理事情公平，不偏袒任何一方。

六、单凭自己的心意办事。

七、怎么使用也用不完，形容资源非常多。

八、普天之下，没有敌手。形容战无不胜，没有对手。

九、对敌人不能放纵。

十、指操纵自如。

纵向

1. 形容散乱不整，残缺不全。

2. 形容异常恐惧。

3. 形容胆量极大（多指做坏事）。现多含贬义。

4. 很不愉快地分手。

5. 放归军用的牛马，表示停止战事。

6. 内心活动丝毫没有在语言和神情上流露出来。形容镇静、沉着。

7. 表面上主张仁德，实际行动却背道而驰。

8. 原指每个人都得到满足。后指每个人或事物都得到恰当的位置或安排。

9. 灾祸、惩罚是由自己招来的。

10. 用尽精力，费尽心思.

习题 193

横向

一、指卑下的不值一提。

二、一个人具有深厚的道德修养，人们只需一接触便能感受得到。

三、比喻美女的死亡。

四、故意把话说得模棱两可，不清楚，不明确。

五、措词严肃，道理正当。

六、发财的运气好，钱赚得顺利痛快。

七、看见一片落叶就知道秋天已经来临。比喻由细微的迹象可以预料出事物的发展趋向。

八、指思念中的那个人。

九、比喻一害刚去，又来一害

十、狼崽子虽小却有野兽的凶残本性。比喻坏人凶残的秉性或疯狂的欲望。

纵向

1. 饱含温情，默默地用眼神表达自己的感情。

2. 树叶飘落掉在树跟旁。古时比喻事物总有一定的归宿，现比喻不忘本源。

3. 没法子计算数目。形容极多。

4. 明了过去，可以推知未来。

5. 对于来的人或送来的物品一概不拒绝。

6. 指诗文中多余无用的话。

7. 不应该得到的或以不正当的手段获得的钱财。

8. 指为人处世的习惯、道理。

9. 用以形容极其赞赏诗文之词。

10. 不分彼此共同努力。

习题 194

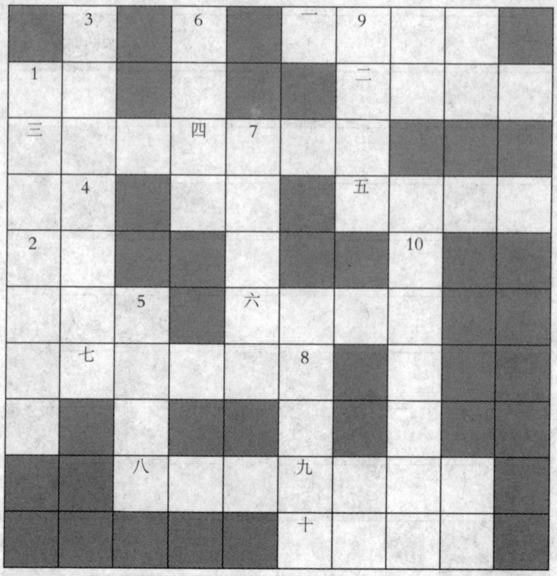

横向

一、鱼腥能招来苍蝇，用鱼驱赶苍蝇，苍蝇更多。比喻行为和目的自相矛盾，只能得到相反的结果。

二、游览和观赏山水风景。

三、形容自高自大，什么都看不见。

四、局势不安定，如同鼎水沸腾。形容天下大乱。

五、比喻实力相当的三股势力对峙。

六、没有时怕得不到，得到后又恐怕失去。指对个人的利害得失斤斤计较。

七、子孙后裔、世世代代。

八、各种光亮、彩色等互相映照。

九、利用雪的反光读书。形容读书刻苦。

十、时日不等待我，应抓紧时间。

纵向

1. 用瞪眼回击瞪眼。比喻用对方使用的手段来回击对方。
2. 完全没有闭眼睡觉。形容繁忙操劳或思虑难眠。
3. 两只手都没有一点东西。指没有一点钱或财产。
4. 空话，谎言或无实际内容的东西。
5. 贤者之间的交情，平淡如水，不尚虚华。
6. 比喻说大话。
7. 指国家内部的变乱和外部的侵略。
8. 遮蔽天空和太阳。形容事物体积庞大、数量众多或气势盛大。
9. 鱼在锅里游。比喻处境十分危险，有即将灭亡的危险。
10. 无故失去良好的时机。

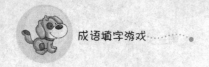

习题 195

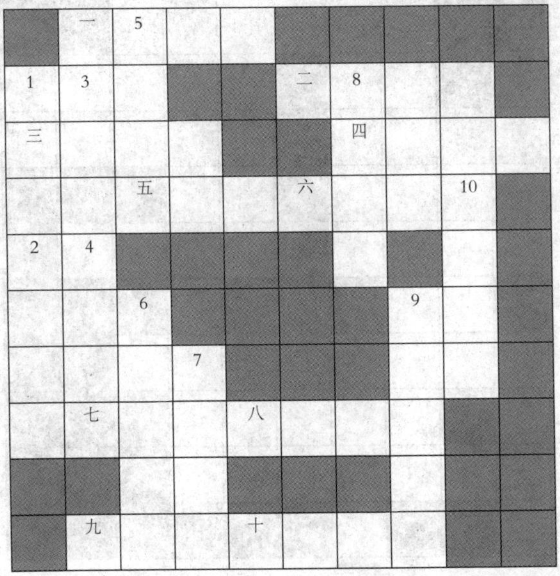

横向

一、指平常人中的特别出众者。

二、形容字写得神采飞扬，如盘旋往返的鹊鸟和鸾鸟。

三、指趁着胜利继续追击。

四、治国安民的才能。

五、形容本末不相称。

六、比喻众美毕集，相得益彰。

七、做事不遵守古训。

八、从古代到现在。泛指很长一段时间。

九、形容包围紧密或防卫严密，连风也透不进去。

十、比喻因父母亡故，孝子不能奉养的悲伤。

纵向

1. 形容车马之盛。
2. 骑在虎背上不能下来。比喻做一件事情进行下去有困难，但情况又不允许中途停止，陷于进退两难的境地。
3. 每战必胜的指挥官。
4. 按照军法严办。
5. 旧时比喻群雄在中原争夺天下。
6. 时常准备着，从不松懈。形容警惕性高。
7. 没有老师的传授就能通晓。
8. 虽违背常道，但仍合于义理。
9. 有了空隙就会招致风吹来。比喻流言乘机传开来。比喻消息或传说不是完全没有来由。
10. 指采用过多的篇幅叙述一件事。形容文辞冗长。

习题 196

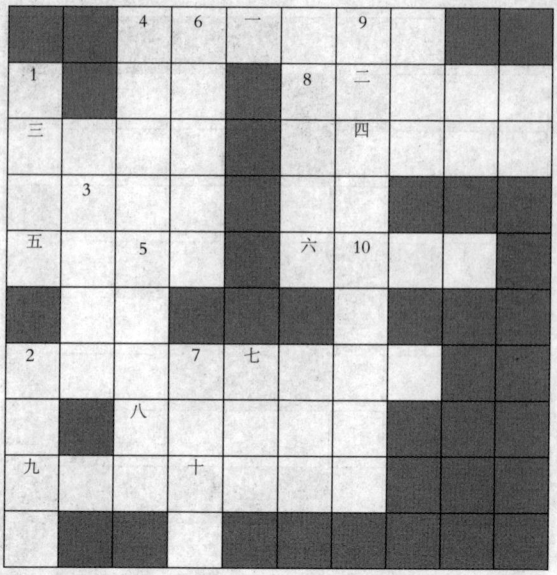

横向

一、人的处境困厄，志向也就小了。

二、一肚子的不满情绪。形容心情极为抑郁，很不得意。

三、原指大的材料需要长时间才能成器。后指能担当大事的人要经过长期锻炼，成名往往较晚，也用作对长期不得意的人的一种安慰。

四、正义的精神直上高空，穿过彩虹。形容精神极其崇高，气概极其豪壮。

五、针线细密。比喻细致周密。

六、指不守法纪，放肆妄为。

七、指年纪轻阅历不多。形容缺乏经验或不懂人情世故。

八、春雨以后，竹笋长得又多又快。比喻新生事物大量涌现蓬勃发展。

九、指有一定的文化水平。

十、所出的谋略周密准确，没有遗漏失算之处。

纵向

1. 用大的罪名来责备微小的过失。
2. 口齿伶俐，能说会道。
3. 原指在男女之间进行的撮合。现常用来比喻从中联系、牵合、拉拢，使双方接通关系。
4. 早晨出动，晚上归来。
5. 满天乌云不下雨。比喻事物正在酝酿，一时还没有发作。
6. 比喻只要有毅力，肯下苦功，事情就能成功。
7. 本指秋收后结算账目。比喻待到事后再对反对自己的一方行清算处理。
8. 形容凭借权势独断专行，蛮横跋扈。
9. 形容得意骄傲。
10. 表示自己是个硬汉，对别人毫无隐瞒。

习题 197

横向

一、指地位高的官吏和显赫而有权势的人物。

二、主持正义，说公道话。

三、说的话有道理。

四、形容一举消灭了大量敌人，也形容诗文、书法等气势宏伟、气魄很大。

五、为什么不乐意做呢？用反问的语气表示对自己有益的事当然愿意去做。

六、做种种坏事。

七、放归军用的牛马，表示停止战事。

八、比喻因有顾虑而闭口不说话。

九、指一切除旧更新。

十、指故意说些夸大的吓人的话，使人惊疑震动。

纵向

1. 横的竖的交叉在一起。形容事物或情况复杂，交叉点很多。
2. 形容诗文的词藻十分华丽。
3. 完全丧失了威严和信誉。
4. 每一个人都感到随时有危险出现而恐惧不安。
5. 指个人或集体中能发现、推荐、培养和使用人才的人。
6. 形容善于讲，让人喜欢听。
7. 人的流言蜚语是可怕的。
8. 事情既然开了头，就索性干到底。
9. 彼此有福有祸都共同承受。
10. 推出粮仓里的旧粮更换新粮。引申为剔除旧事物中的糟粕吸取精华，使之向新的方向发展。

习题 198

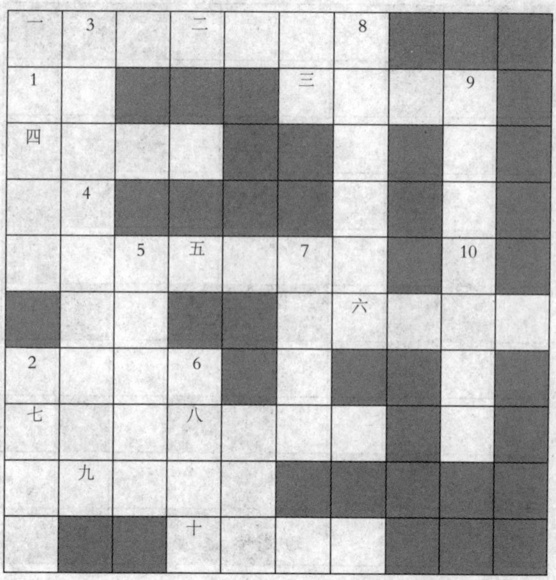

横向

一、形容字写得很潦草。也常用作自谦之词。

二、连乌鸦和麻雀的叫声都没有。形容自然环境很静或形容人们默不作声，一声不响。

三、争夺名位和利益。

四、官吏相互包庇。

五、白天躲藏夜间赶路。指为避免被人发现所采取的秘密行动。

六、形容头脑发昏，糊里糊涂。

七、指由于生活舒适，终日无所事事，养得大腹便便，肥头大耳的样子。

八、肥肥的头，硕大的耳。形容生活优裕保养得好。也指人长得福相。今多用于贬义。

九、看破人生事情，对一切持超脱态度。这是一种消极厌世态度。

十、形容人或动物消瘦露骨。

纵向

1. 一定的官衔职位。多指比较低微的头衔职称。
2. 肝胆脑浆溅了一地。形容惨死，也形容竭尽忠诚，任何牺牲都在所不惜。
3. 写状子起诉。指书面上的辩论。
4. 唐代诗人白居易曾贬官为江州司马。司马的衣衫为泪水所湿。形容极度悲伤。
5. 比喻器量狭小，只考虑小事，不照顾大局。
6. 草木绿叶茂盛而花朵却萎凋稀少。形容暮春景色。
7. 比喻孤陋寡闻，妄自尊大。
8. 形容声望和名誉败坏到极点，不可收拾。
9. 形容因贪图私利，使人头脑发昏，甚至失去理智。
10. 昏沉沉的想睡觉。形容极其疲劳或精神萎靡不振的样子。

一		4	二				■	10	■
三				■	■	■	■		■
■	2		■	■	■	7	■		■
四		5		■	五				■
1			■	■	■		■	■	■
			■	■	六	8			■
七	3	6	八				9	■	■
			■	九				■	■
■			十					■	■
■			■	■	■	■		■	■

习题 199

横向

一、百样之中无一有用的。形容毫无用处。

二、调兵遣将如同神人。形容善于指挥作战。

三、比喻掌握我国家政权。

四、比喻说话做事一次就成功。

五、做贼的人总是担心被人发觉，行为不自然。

六、不杀掉庆父，鲁国的灾难就不会停止。比喻不清除制造内乱的罪魁祸首，就得不到安宁。

七、一心一意。

八、指因想念家中妻子却假说母亲有病，比喻企图达到目的而说假活。

九、指作战时延缓对方进兵的计策。借指使事态暂时缓和同时积极设法应付的策略。

十、一句话可以兴国。

纵向

1. 暗中勾结；互相配合；采取一致的言语行动。
2. 暗中射箭杀伤别人。
3. 大门前面可设置网捕雀。形容门庭冷落，来的客人很少。
4. 比喻强大而且有势力的人。
5. 全体团结一心。
6. 精神和体力都极度劳累。
7. 把坏人当做父亲，常指卖身投靠坏人或敌人。
8. 指祖国。
9. 利用对方的计策反过来向对方施计。
10. 原指精于卖货的商人隐藏宝货，不轻易让人看见。后比喻有真才实学的人不露锋芒。

习题 200

横向

一、枕被俱冷。形容独眠的孤寂凄凉。

二、寒天的蝉和冻僵的鸟。比喻默不作声的人。

三、装作有智慧，在愚人面前夸耀自己。

四、吹开皮上的毛，寻找里面的疤痕。比喻故意挑剔毛病，寻找差错。

五、节令变换，年岁转换。

六、指地理位置靠近山岭和水流。

七、形容事物不清晰或关系不亲密。

八、形容多而不适用。

九、踩着老虎尾巴，走在春天将解冻的冰上。比喻处境非常危险。

十、到处是冰和雪。形容极为寒冷的景象。

纵向

1. 狂风猛吹，巨浪拍打。比喻恶劣的环境，险要的遭遇或严峻的考验磨难。
2. 比喻抨击已失威势的人。
3. 原指狗摇着尾巴讨主人的欢喜。后形容卑躬屈膝地向别人谄媚讨好，希望得到一点儿好处。
4. 多方搜求，广泛考证。
5. 暗中把天日换了。比喻暗中改变事物的真相，以达到蒙混欺骗的目的。
6. 如蝉脱壳，如龙蛇换皮。比喻解脱而进入更高境界。后世道教多指羽化成仙。
7. 变幻多种多样，没有穷尽。
8. 比喻做事有十分坚强的毅力和不怕困难不怕牺牲的精神。
9. 自以为有功劳而骄傲自大。
10. 很有智慧的人表面上好像很愚蠢。

习题 201

横向

一、独具风格，无与伦比。形容造诣很深。

二、军队每前进一步就设下一道营垒。比喻行动谨慎防备严密。现常用来比喻行动、做事谨慎，稳扎稳打。

三、古时传说，小乌能反哺老乌。比喻侍奉尊亲的孝心。

四、听从高明正确的意见和建议就像水从高处流下来一样顺畅。形容乐于接受别人提出的正确意见。

五、指到达目的地最便捷的途径。

六、随着意愿，顺利地得到成功。

七、削铁就像削泥巴似的。形容刀器极其锋利。

八、天的职责由人代替。

九、吃他们的肉，剥下他们的皮当褥子垫。形容对敌人的深仇大恨。

十、战争接连不断，带来了无穷的灾祸。

纵向

1. 文句通顺、用词妥帖。
2. 顺应天命，合乎人心。
3. 做事情有好的开头，也有好的结尾。
4. 指已经判定、不可改变的案件。
5. 独自开创一条新路。比喻独创新的方法或风格。
6. 感情激动，无法抑制自己。
7. 指止息战事。
8. 做事有主见，不随便附和别人。
9. 结合党羽，谋取私利。
10. 把和自己观点一样的人作为同党，互相纠合起来，而对观点不一样的人，则进行攻击。

习题 202

一		3	二			三			9
■	2		■	6	■	■	■	■	
四			五				■	■	
■		4	■		■	■	■	■	10
■			■		7	■	■	■	
六			七			8	■	■	
1	■	5	■	■			■	■	
	■		■	■			■	■	■
八				■	■		■	■	■
	■	九			十				■

横向

一、卷起铠甲，收起兵器。

二、兵器上没有沾血。指未经激烈的流血战斗就取得了胜利。

三、比喻顺利解决。

四、指太后临朝管理国家政事。

五、政事通达，人心和顺。形容国家稳定；人民安乐。

六、把马蹄包起，防止马滑倒，把车子钩牢，以防脱落形容走山路险阻。

七、车同轨，书同文。指统一。

八、用瓢来量大海，从竹管的小孔看天空。比喻见识片面狭窄，看不到事物的整体。

九、原指音乐的余音。比喻言外之意，即在话里间接透露，而不是明着说出来的意思。

十、指人的容貌和笑声。常用作怀念之词。

纵向

1. 自瓮中窥天，以瓢来测海。比喻识见短浅。
2. 形容高大宽敞华美的楼阁。
3. 拱手听从命令。
4. 比喻生命垂危。
5. 弦乐器和管乐器。亦泛指音乐。
6. 比喻剩下不多的才华。
7. 不跟仇敌在同一个天底下生活。形容仇恨极深，誓不两立。
8. 形容文件会议多得泛滥成灾。
9. 脱掉军装，回家种地。
10. 泛指乡间父老。

习题 203

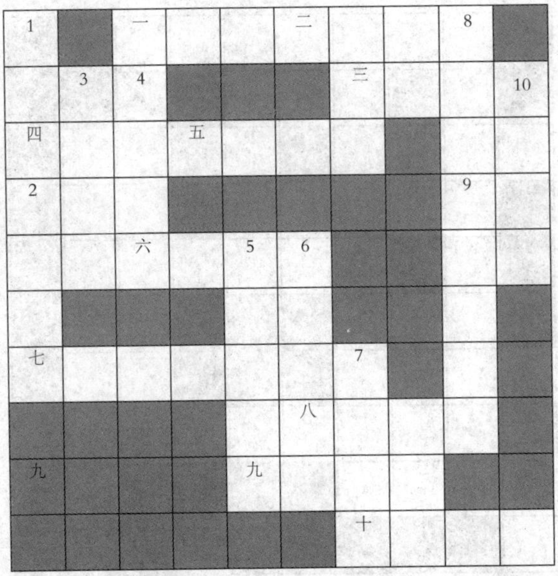

横向

一、窃取名誉，欺骗世人。

二、泛指社会的道德风尚和人们的思想情感等。

三、指不合某种观念和道德标准的行为。

四、灯光与酒色红绿相映。形容骄奢淫逸的生活，也形容娱乐场所的繁华景象。

五、指绿林中出众的人物。

六、重重忧愁萦绕心怀。

七、发抖的样子。形容非常害怕。

八、安于故土生活不愿轻易迁居异地。

九、存身的地方。在某地居住、生活，或以某地作为建业的根基。

十、要防的事太多，提防不过来。

纵向

1. 千家万户的灯光。形容城镇灯光四处闪烁的夜景。
2. 偷取炉火里烤熟的栗子。比喻冒险为别人出力，受人利用，却一无所得。
3. 形容奢侈糜烂的生活。
4. 用酒来浇灭郁积心中的气愤或愁闷。
5. 形容多次经历生死危险而幸存。比喻情况极其危险。
6. 出危险转为平安。
7. 比喻防患于未然。
8. 指一个人的心思一时只能专注于一件事。
9. 形容地形险要，利于作战的地方。比喻可以施展自己才能的地方或机会。
10. 学识比天高比海深。形容学识渊博。

习题 204

■	一		5	二			7	■	■
■	2	三				■		■	■
四				■	五			9	■
■		六	6			■	8		■
■	3	■	七						■
■				■	■	■		10	■
1				■	■	■			■
	八			九					■
十				■	■	■	■		■
	■	■	■	■	■	■	■	■	■

横 向

一、相传有一种叫蜮的动物，生活在水中，听到人声会含沙射人。被射中的人皮肤生疮。被射中影子的人也会生病。比喻暗中攻击或陷害人。

二、模模糊糊，不真切。

三、用石头去砸鸡蛋。比喻以强攻弱，必胜无疑。

四、一碗食物，一杯汤水。指贫苦的生活。

五、相互间拿自己多余的东西去调换自己所缺少的东西。

六、泛指珍贵的饰物。

七、指进行鼓动或煽动。

八、考虑事情不超过自己的职分。

九、君主时代指大臣中地位最高的人。

十、小儿推让食物的典故。比喻兄弟友爱。

纵 向

1.衡量人的长处和短处。

2.吃饭时多次吐出口中的食物，洗头时多次把头发握在手中。比喻为了招揽人才而操心忙碌。

3.启发人深入地思考。形容语言或文章有深刻的含意，耐人寻味。

4.碰到应该做的好事就积极主动去做，不推托不谦让。

5.射箭入石中，隐没了箭尾的羽毛。形容武艺高强。

6.拿着羽毛扇子，戴着青丝的头巾。形容态度从容。

7.形容人、物、财、能力等很宽裕，用不完。

8.还有剩余下来的勇力可以卖给人家。原形容勇士的豪迈气概。后也可指力未使尽。

9.没有地方可以让自己容身。形容非常羞愧。

10.形容身体好，精神饱满。

习题 205

横 向

一、家庭破产，人口死亡。

二、因人多造成了困难。

三、因生活困窘而到处奔波流浪。

四、形容城池牢不可破。也比喻言谈无懈可击。

五、以城墙为凭借的狐狸，以土地庙为依托的老鼠。比喻仗势作恶的小人。

六、难辨或难治的各种病症。比喻难以理解或解决的问题。

七、大街小巷间人们的议论。

八、哪里说得上容易呀！常指说起来容易做起来难。

九、像翻转手掌一样，比喻做事很容易。

十、处理事情从容不迫，毫不费力。

纵 向

1. 也指不明事理。

2. 露宿街头。

3. 表明各种意见的言论多而杂乱。意见不一，说法众多。

4. 握火红的炭，踏着滚开的水。比喻不畏危难，敢于用命。

5. 指纵横交叉，繁华热闹的街道。也指人世间现实社会。

6. 在纸上谈论用兵。比喻不解决实际问题的空谈。

7. 破旧锈烂无用的铜铁。泛指各种破旧无用的器物。

8. 一肚子的疑惑。

9. 像火一样红，像茅草花一样白。比喻气势浩大而热烈。

10. 手掌中的夜明珠。比喻极受钟爱的子女。

习题 206

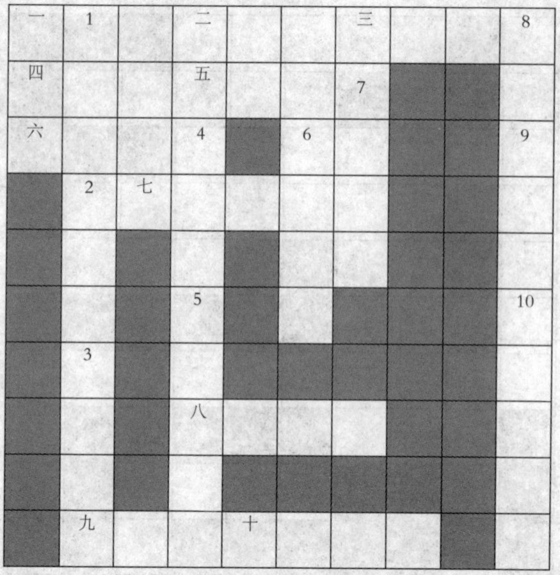

横向

一、军队中年老、体弱、伤残的士兵。指军队中丧失战斗力的部分。也比喻年老体弱、能力很差的人。

二、用兵作战可以经常使用伪装以迷惑对方。比喻在作战时战胜敌人要靠谋略。

三、犹言十分奸诈。

四、比喻只顾眼前，用有害的方法来救急。

五、好了伤疤忘了疼。比喻情况见好以后就忘记了从前的痛苦经历和教训。

六、铲除强暴，扶助弱者。

七、再不然。

八、不务正业者改邪归正。

九、树木聚集成片的样子，形容人或事物繁多。

十、总的概括起来说。

纵向

1. 原指动物中弱者的肉是强者的食物。比喻弱者被强者欺压、吞并。
2. 吃饭不用两种肉食。比喻饮食节俭。
3. 原是夏桀生活荒淫的故事，后比喻宴会的奢侈。
4. 形容身体娇弱，连风吹都经受不起。现指人体质虚弱。
5. 比喻激烈、尖锐的社会斗争前沿。
6. 有条理，有次序，整齐不乱。
7. 伤心而且头痛。形容伤心痛恨到了极点。
8. 到明年瓜熟时派人接替。指任职期满由他人继任。
9. 比喻人心眷恋故土，不愿老死他乡。
10. 比喻祸福没有一定。

■	1	一			5	■	■	■	8
二				■		■	■	■	
■	三			四			6	■	
■	2	■	4	■		五			9
六			七					■	
■		■		■	■	■	7	■	
■	3	■		■	■	■		■	10
■		■	■	八				■	
■		■	■	九				■	
■	十				■	■	■	■	

习题 207

横向

一、精细地描绘丑女无盐。把丑妇当做美人。

二、旧指才貌双全的女婿。也用作称誉别人的女婿。

三、比喻机械地搬用或生硬地模仿。

四、能吞舟的大鱼。常比喻本事很大的人。

五、看书时同时可以看十行。形容看书非常快。

六、连续十代都是单传，形容极其珍贵。

七、指酒宴中互相斟酒。

八、敬奉为最珍贵的宝物。

九、形容说话声音像小孩子一样。

十、形容痛恨到极点。

纵向

1. 形容神情逼真，使人感到好像亲眼看到一般。
2. 指伪善、作恶者在今生今世必定得到报应。
3. 报冤仇，除仇恨。
4. 家家户户传习诵读。
5. 盐和梅调和，舟和楫配合。比喻辅佐的贤臣。
6. 鱼眼睛掺杂在珍珠里面。比喻以假乱真。
7. 形容衣服、饰物华丽、光彩四射。
8. 经过反复考虑，然后再去做。指做事慎重。
9. 不走有危险的地方。
10. 危险的局面像清早的露水一样容易消失。比喻面临死亡。

习题 208

横向

一、蓬头垢面没有修饰的样子。旧时形容贫苦人生条件很坏的样子。

二、踩着人家脚印走。比喻追随，沿袭别人。

三、前面的人倒下了，后面的紧跟上去。形容斗争的英勇壮烈。

四、指老年人的晚年，不久人世。

五、尘做的饭，泥做的羹，指儿童游戏，比喻没有用处的东西。

六、指商店倒闭或企业破产停业。

七、居于岩穴而观赏河流。形容隐居生活悠闲自适，超然世外。

八、刨出根子追出底细。

九、竭尽全力，想尽办法。

十、胸怀宽广，像山谷和大海一样容物。

纵向

1. 七步内就能完成一首诗。比喻有才气、文思敏捷。
2. 在一起写诗喝酒的朋友。
3. 旧指一个掌握政权的人死了，他的政治措施也跟着停顿下来。
4. 呼吸也相互关联。形容非常密切。
5. 我的文采在卢照邻之前，但是在王勃之后，指诗文齐名。
6. 去拜访人，先问清楚他父祖的名，以便谈话时避讳。也泛指问清楚有什么忌讳。
7. 形容奔波忙碌，旅途劳累。
8. 前后连接不断。
9. 惩罚或处死一人，以警戒众人。
10. 众水奔流趋向大海。多比喻无数分散的事物都汇集到一处。

习题 209

横向

一、比喻以自身去顶替别人。

二、比喻知己相处，不分贵贱，亲密无间。

三、同船的人都成为敌人。比喻大家反对，十分孤立。

四、旧指学生恭敬受教。比喻尊师。

五、光滑润泽，形容人的圆滑、狡诈。

六、泛指天资才能极高的人。

七、原指酒量小。比喻才能小，容易自满。

八、卷型古书的标签和卷轴。借指书籍。

九、青蛙与蛤蟆斗争的胜负。比喻不足介意的荣哀得失。

十、因不谐于流俗而受到的讥议。

纵向

1. 每日每月按一定的程序课试。形容因循守旧，无所创新。

2. 搬唇弄舌。

3. 指学生徒弟众多的师门。

4. 树叶飘落，掉在树根旁。古时比喻事物总有一定的归宿，现比喻不忘本源。

5. 比喻难以做到的事。

6. 不同的曲调演得同样好。比喻话的说法不一而用意相同，或一件事情的做法不同而都巧妙地达到目的。

7. 形容文辞冗长。

8. 为了国家的大事而忘了自己的小家。

9. 指家庭日常生活琐事。

10. 指人身材短小而精明勇猛。比喻文章等精炼简短而有力。

习题 210

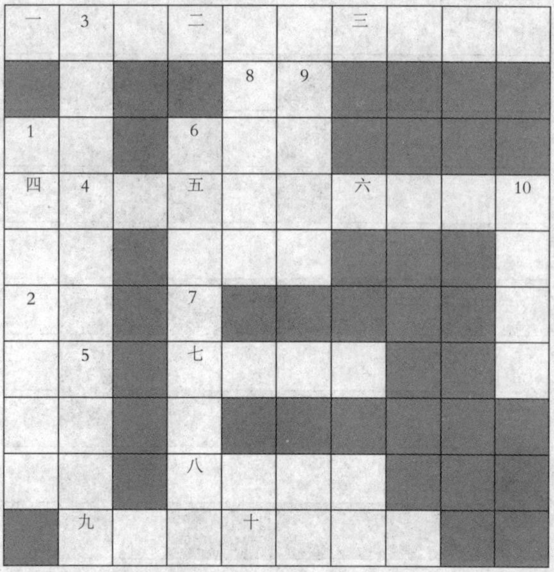

横向

一、指讲话或文章的内容深刻，语言文字却浅显易懂。

二、出征可为将帅，入朝可为丞相。指兼有文武才能的人，也指文武职位都很高。

三、相互研讨。

四、原指陈平所出的六条妙计。后泛指出奇制胜的谋略。

五、计算着日子来等待，无需很久。

六、等到好价钱再出售。比喻做事等待某种条件，或怀才等待赏识者重用。

七、比喻好坏不分。

八、指时机来了，命运也有了转机。指境况好转。

九、这败坏社会风俗。多用来遣责道德败坏的行为。

十、庸俗得使人受不了。

纵向

1. 许多等级，种种差别。
2. 把它看成平常的事，不预重视。
3. 收入的不够开支的。
4. 超出人们的意料。
5. 中医谓外感风邪，内有郁积而致病。比喻内外煎迫。
6. 国家的经济和人民的生活。
7. 时运不济之叹。
8. 江河一天天流向低处。比喻事物日益衰落或局势越来越糟。
9. 把全部力量都投进去。
10. 用种种不正当的手段极力谋取好名誉。

答案

豁然开朗

习题 1

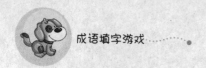

一百	发	百	中
二百	读	不	厌
三百	步	穿	杨
四百	般	折	磨

习题 2

一百	家	争	鸣
二百	花	齐	放
三百	感	交	集
四百	废	待	兴

习题 3

一百	密	一	疏
二百	炼	成	钢
三百	里	挑	一
四百	口	莫	辩

习题 4

一百	鸟	朝	凤
二百	年	好	合
三百	年	大	计
四百	年	不	遇

习题 5

一一	曝	十	寒
二十	全	十	美
三十	指	连	心
四问	一	答	十

习题 6

一神	气	十	足
二十	恶	不	赦
三十	面	埋	伏
四十	年	寒	窗

习题 7

一 一	言	九	鼎
二 三	教	九	流
三 九	牛	一	毛
四 龙	生	九	子

习题 8

一 九	天	揽	月
二 九	曲	回	肠
三 九	五	之	尊
四 九	九	归	一

习题 9

一 九	死	一	生
二 九	霄	云	外
三 十	室	九	空
四 十	拿	九	稳

习题 10

一 七	上	八	下
二 半	斤	八	两
三 才	高	八	斗
四 四	通	八	达

习题 11

一 八	拜	之	交
二 八	仙	过	海
三 八	面	玲	珑
四 八	方	呼	应

习题 12

一 七	纵	七	擒
二 七	嘴	八	舌
三 七	窍	生	烟
四 七	拼	八	凑

习题 13

一三	头	六	臂
二三	六	九	等
三六	神	无	主
四六	亲	不	认

习题 14

一五	子	登	科
二五	步	成	诗
三五	富	五	车
四五	脏	六	腑

习题 15

一五	陵	年	少
二五	内	如	焚
三五	体	投	地
四五	味	俱	全

习题 16

一五	谷	不	分
二五	谷	丰	登
三五	湖	四	海
四五	花	大	绑

习题 17

一四	书	五	经
二五	光	十	色
三五	彩	缤	纷
四五	大	三	粗

习题 18

一五	毒	俱	全
二三	五	成	群
三三	令	五	申
四三	皇	五	帝

习题 19

一 四	体	不	勤
二 四	海	为	家
三 四	平	八	稳
四 四	海	升	平

习题 20

一 四	面	楚	歌
二 文	房	四	宝
三 朝	三	暮	四
四 丢	三	落	四

习题 21

一 囊	括	四	海
二 狼	烟	四	起
三 家	徒	四	壁
四 危	机	四	伏

习题 22

一 三	户	亡	秦
二 韦	编	三	绝
三 岁	寒	三	友
四 退	避	三	舍

习题 23

一 三	顾	茅	庐
二 三	缄	其	口
三 三	朝	元	老
四 三	十	而	立

习题 24

一 三	生	有	幸
二 孟	母	三	迁
三 入	木	三	分
四 半	夜	三	更

习题 25

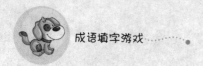

一 合	二	为	一
二 一	石	二	鸟
三 天	无	二	日
四 三	心	二	意

习题 26

一 一	鸣	惊	人
二 一	网	打	尽
三 割	据	一	方
四 季	布	一	诺

习题 27

一 昙	花	一	现
二 沧	海	一	粟
三 棋	高	一	着
四 沆	瀣	一	气

习题 28

一 奄	奄	一	息
二 孑	然	一	身
三 首	屈	一	指
四 虚	晃	一	枪

习题 29

一 嬉	皮	笑	脸
二 死	皮	赖	脸
三 愁	眉	苦	脸
四 有	头	有	脸

习题 30

一 头	破	血	流
二 出	头	之	日
三 冲	昏	头	脑
四 头	重	脚	轻

习题 31

一 生	死	关	头
二 头	昏	眼	花
三 头	晕	目	眩
四 缩	头	缩	脑

习题 32

一 没	头	苍	蝇
二 掐	头	去	尾
三 千	头	万	绪
四 彻	头	彻	尾

习题 33

一 埋	头	苦	干
二 空	头	支	票
三 白	头	偕	老
四 当	头	一	棒

习题 34

一 万	头	攒	动
二 齐	头	并	进
三 抛	头	露	面
四 蓬	头	垢	面

习题 35

一 崭	露	头	角
二 劈	头	盖	脸
三 头	头	是	道
四 高	头	大	马

习题 36

一 人	面	兽	心
二 面	黄	肌	瘦
三 素	未	谋	面
四 千	人	一	面

习题37

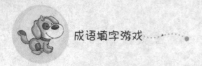

一 网	开	一	面
二 牛	头	马	面
三 泪	流	满	面
四 洗	心	革	面

习题38

一 面	不	改	色
二 仰	面	朝	天
三 本	来	面	目
四 改	头	换	面

习题39

一 八	面	玲	珑
二 颜	面	扫	地
三 表	面	文	章
四 铁	面	无	私

习题40

一 隔	墙	有	耳
二 肥	头	大	耳
三 面	红	耳	赤
四 耳	濡	目	染

习题41

一 掩	耳	盗	铃
二 口	耳	相	传
三 洗	耳	恭	听
四 充	耳	不	闻

习题42

一 耳	目	众	多
二 耳	熟	能	详
三 耳	提	面	命
四 耳	闻	目	睹

习题 43

一 燃	眼	之	急
二 望	眼	欲	穿
三 横	眼	立	目
四 火	眼	金	睛

习题 44

一 眉	飞	色	舞
二 扬	眉	吐	气
三 迫	在	眉	睫
四 眉	头	不	展

习题 45

一 眉	清	目	秀
二 慈	眉	善	目
三 喜	上	眉	梢
四 举	案	齐	眉

习题 46

一 冷	眼	旁	观
二 过	眼	云	烟
三 睡	眼	惺	忪
四 丢	人	现	眼

习题 47

一 别	具	慧	眼
二 浓	眉	大	眼
三 挤	眉	弄	眼
四 打	马	虎	眼

习题 48

一 大	开	眼	界
二 眉	开	眼	笑
三 眉	来	眼	去
四 头	昏	眼	花

习题 49

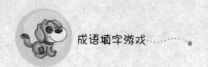

一 望	眼	欲	穿
二 泪	眼	汪	汪
三 肉	眼	凡	胎
四 手	眼	通	天

习题 50

一 眼	疾	手	快
二 眼	花	缭	乱
三 眼	观	六	路
四 眼	高	手	低

习题 51

一 掩	鼻	而	过
二 鼻	孔	朝	天
三 听	人	穿	鼻
四 掩	鼻	偷	香

习题 52

一 开	山	鼻	祖
二 仰	人	鼻	息
三 鼻	青	脸	肿
四 嗤	之	以	鼻

习题 53

一 七	嘴	八	舌
二 舌	战	群	儒
三 张	口	结	舌
四 油	嘴	滑	舌

习题 54

一 何	足	挂	齿
二 口	齿	伶	俐
三 咬	牙	切	齿
四 齿	颊	生	香

习题55

一 唇	亡	齿	寒
二 唇	齿	相	依
三 唇	枪	舌	剑
四 唇	红	齿	白

习题56

一 昂	首	挺	胸
二 成	竹	在	胸
三 怒	气	填	胸
四 捶	胸	顿	足

习题57

一 背	暗	投	明
二 背	信	弃	义
三 力	透	纸	背
四 汗	流	浃	背

习题58

一 倒	背	如	流
二 汗	流	浃	背
三 背	水	一	战
四 背	井	离	乡

习题59

一 大	腹	便	便
二 食	不	果	腹
三 牢	骚	满	腹
四 腹	背	受	敌

习题60

一 口	蜜	腹	剑
二 满	腹	疑	团
三 推	心	置	腹
四 捧	腹	大	笑

习题 61

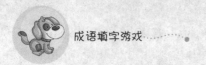

一 点	头	哈	腰
二 弯	腰	捧	腹
三 楚	腰	纤	细
四 虎	背	熊	腰

习题 62

一 奴	颜	婢	膝
二 促	膝	谈	心
三 容	膝	之	地
四 卑	躬	屈	膝

习题 63

一 微	不	足	道
二 死	不	足	惜
三 举	手	投	足
四 评	头	论	足

习题 64

一 立	足	之	地
二 手	舞	足	蹈
三 神	气	十	足
四 美	中	不	足

习题 65

一 不	足	为	虑
二 不	足	挂	齿
三 削	足	适	履
四 不	足	为	奇

习题 66

一 自	给	自	足
二 丰	衣	足	食
三 三	足	鼎	立
四 足	不	出	户

习题 67

一 手	无	寸	铁
二 唾	手	可	得
三 不	择	手	段
四 高	抬	贵	手

习题 68

一 棋	逢	对	手
二 眼	高	手	低
三 白	手	起	家
四 手	足	之	情

习题 69

一 石	火	电	光
二 电	闪	雷	鸣
三 电	照	风	行
四 风	驰	电	掣

习题 70

一 雷	打	不	动
二 雷	电	交	加
三 不	越	雷	池
四 鼾	声	如	雷

习题 71

一 暴	跳	如	雷
二 大	发	雷	霆
三 如	雷	贯	耳
四 雷	霆	万	钧

习题 72

一 凄	风	冷	雨
二 巴	山	夜	雨
三 风	调	雨	顺
四 未	雨	绸	缪

习题 73

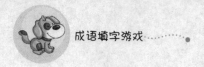

一 满	城	风	雨
二 汗	如	雨	下
三 山	雨	欲	来
四 雨	过	天	晴

习题 74

一 春	风	得	意
二 风	餐	露	宿
三 捕	风	捉	影
四 风	和	日	丽

习题 75

一 大	家	风	范
二 大	煞	风	景
三 饱	经	风	霜
四 别	有	风	味

习题 76

一 甘	拜	下	风
二 空	穴	来	风
三 满	面	春	风
四 弱	不	禁	风

习题 77

一 八	面	威	风
二 雷	厉	风	行
三 仙	风	道	骨
四 风	平	浪	静

习题 78

一 雪	中	送	炭
二 鹅	毛	大	雪
三 冰	雪	聪	明
四 白	雪	皑	皑

习题 79

一 阳	春	白	雪
二 冰	雪	聪	明
三 报	仇	雪	恨
四 程	门	立	雪

习题 80

一 雾	里	看	花
二 云	消	雾	散
三 雾	起	云	涌
四 愁	云	惨	雾

习题 81

一 响	彻	云	霄
二 闲	云	野	鹤
三 耸	入	云	霄
四 云	蒸	霞	蔚

习题 82

一 平	步	青	云
二 叱	咤	风	云
三 不	知	所	云
四 万	里	无	云

习题 83

一 拨	云	见	日
二 腾	云	驾	雾
三 吞	云	吐	雾
四 人	云	亦	云

习题 84

一 灿	若	繁	星
二 吉	星	高	照
三 星	罗	棋	布
四 披	星	戴	月

习题 85

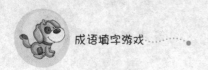

一 星	火	燎	原
二 一	星	半	点
三 斗	转	星	移
四 大	步	流	星

习题 86

一 六	月	飞	霜
二 吴	牛	喘	月
三 月	下	老	人
四 吟	风	弄	月

习题 87

一 日	久	天	长
二 一	日	三	省
三 江	河	日	下
四 夜	以	继	日

习题 88

一 日	上	三	竿
二 一	日	千	里
三 年	深	日	久
四 不	见	天	日

习题 89

一 鸟	尽	弓	藏
二 惊	弓	之	鸟
三 归	心	似	箭
四 光	阴	似	箭

习题 90

一 剑	拔	弩	张
二 鬼	斧	神	工
三 糖	衣	炮	弹
四 临	阵	磨	枪

习题 91

一 甘	贫	守	二 分	6 外	妖	娆	
1 光	三 以	柔	5 克	四 刚	愎	自	用
五 天	3 道	酬	勤	内			
化	路	4 单	克	7 柔			
2 日	以	枪	俭	远		8 功	
月	目	六 匹	夫	怀	璧	成	
如		马	七 遐	迩	闻	名	
梭				八 不	知	就	里

习题 92

一 饥	鹰	3 饿	虎	二 丧	6 家	之	犬
1 碎		殍	4 村		藏		
三 尸	横	遍	野	5 匹	户		
万		野	四 匹	夫	7 有	责	
段	2 鸟		夫	之	恃	8 先	
	五 散	兵	游	勇	无	来	
	鱼		六 争	先	恐	后	
七 堤	溃	蚁	穴	八 归	根	到	底

习题 93

一 拔	2 十	失	五	二 齐	家	治	国
1 推	里		4 天	6 自	道		7 膏
三 崇	洋	媚	四 外	强	中	干	腴
备	场		有	不	落		贵
至		3 贫	5 天	五 息	交	绝	8 游
		嘴	伦	六 鲜	艳	夺	目
	七 贫	贱	之	交			骋
		舌	八 乐	此	不	疲	怀

习题 94

	一 宽	3 宏	大	二 量	入	为	8 出
1 拔	三 按	图	索	骥	6 滥		言
四 麻	痹	大	五 意	5 气	用	事	不
戴	2 矮	志		忍	职	7 申	逊
六 孝	子	贤	4 孙	声	权	冤	
	观		庞	七 吞	云	吐	雾
	场		斗			气	
八 急	中	生	智				

习题 95

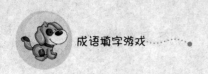

一 答	3 非	所	二 问	寒	问	暖	
1 双	池		三 燕	子	5 衔	食	
四 管	中	窥	五 豹	头	环	眼	
齐	物		4 凄		结	7 盘	
2 下		六 疾	风	劲	6 草	根	8 鸡
笔	七 残	羹	冷	炙	率	错	骨
成			雨	八 增	收	节	支
章					兵		床

习题 96

一 天	2 兵	天	将	二 枯	枝	8 败	叶
1 不	凶		4 河	6 融	7 望	德	
三 速	战	速	决	会	尘	辱	
之	危	3 力	四 鱼	贯	而	行	
客		透	5 烂	通	拜		
		五 纸	醉	金	迷		
		背	六 如	鱼	得	水	
七 判	若	云	八 泥	塑	木	雕	

习题 97

	一 不	3 食	周	二 粟	陈	贯	朽
1 仰	三 继	古	开	5 今		7 造	8 唱
四 拾	2 金	不	昧	是		化	对
俯	枝	化	4 造	经		小	台
取	玉		谣	五 非	6 同	儿	戏
	叶		六 生	老	病	死	
			事	七 不	相	为	谋
		八 我	见	犹	怜		

习题 98

	3 痛			一 势	成	7 骑	虎
1 丹	饮	4 泣	二 吹	5 牛	拍	马	
三 青	黄	不	接	高		寻	8 丢
妙	龙	成		马		马	卒
2 手		四 声	威	6 大	震		保
到	五 先	睹	为	六 快	犊	破	车
擒		七 顺	水	人	情		
来			八 实	心	实	意	

习题 99

	3 恒		4 等	一 赏	6 贤	让	8 能
1 拖	河	二 柴	米	夫	妻	7 装	掐
三 泥	沙	俱	下		良	聋	会
带	数		锅		母	作	算
2 水		四 拔	5 山	举	鼎	哑	
滴			五 南	冠	楚	囚	
六 石	沉	大	七 海	沸	江	翻	
穿			八 北	面	称	臣	

习题 101

1 毛		3 作		一 设	5 身	处	地
手		茧	二 蜗	名	微	利	8 倒
三 毛	2 遂	自	荐	四 讷	言	敏	行
脚	迷	缚			6 轻		逆
	五 忘	战	必	4 危	装	7 恰	施
六 沸	反	盈	天	在	上	到	
	七 通	宵	达	旦	阵	好	
			八 朝	夕	相	处	

习题 100

1 仙	一 神	清	5 气	二 爽	然	若	8 失
液	2 上	4 盗	三 吞	刀	6 吐	火	之
四 琼	楼	玉	宇		肝		交
浆	去	窃	宙		露	7 大	臂
	3 梯	钩			胆	有	
五 泰	山	北	斗	六 开	门	见	山
	栈		七 方	寸	之	地	
八 积	谷	防	饥				

习题 102

一 陈	善	3 闭	二 邪	门	6 歪	道	
1 不		门	4 开	三 屈	打	成	7 招
四 饮	水	思	源		正		兵
盗	2 没	过	节		着		买
泉	五 颠	沛	流	5 离			8 马
	没		六 正	本	清	源	不
	倒	七 小	鸟	依	人		停
		八 细	枝	末	节		蹄

习题 103

	一 品	貌	非	一 凡	桃	俗	李
1 重	2 卖		4 儒			7 不	
三 温	文	3 尔	四 雅	俗	6 共	赏	
旧	为	虞	风		为	之	8 扭
梦	生	我	流	5 戎	唇	功	亏
五 佯	输	诈	败	六 马	齿	徒	增
七 南	辕	北	辙	生			盈
			八 天	涯	咫	尺	

习题 105

	一 鞭	3 长	莫	二 及	7 时	行	乐
1 以	三 翻	江	倒	海	移		8 鼎
四 暴	殄	天	物	6 分	世		食
易		堑	五 蜕	化	变	质	钟
暴	2 拔	4 补	5 吹	六 瓦	釜	雷	鸣
	七 刀	过	竹	解			
	相	拾	弹				
	向	遗	八 丝	丝	入	扣	

习题 104

	2 琅	一 牛	刀	5 割	鸡		
	琅	3 膏	二 螳	臂	挡	车	7 土
三 逼	上	梁	四 山	盟	海	6 誓	生
1 推	口	子		公		死	土
五 梨	园	弟	4 子	六 好	梦	不	8 长
让			虚			二	夜
枣			七 乌	合	之	众	之
	八 守	土	有	责			饮

习题 106

一 粘	2 皮	带	骨	二 安	6 分	守	己
	三 里	外	夹	四 攻	守	7 同	盟
五 洛	阳	3 纸	贵		要	源	
	秋	落	4 亡		津	异	
1 死		云	国	5 朝		派	8 胆
六 灰	飞	烟	灭	秦			大
复		七 朝	种	暮	获		心
燃				八 楚	腰	纤	细

习题107

	3浩		5肃	一造	车	8合	辙
1如	如		然		6辗	情	
二狼	烟	四	三起	承	转	合	
牧	海		敬		反	理	
2羊		4不	四旁	敲	7侧	击	
续	五称	平	斗	六满	目	凄	凉
悬		则		七推	而	广	之
鱼	八山	鸣	谷	应	视		

习题109

1鹄	一大	3声	疾	二呼	之	欲	出
面	2早	誉	5焚		7投		8吹
三鸠	占	鹊	四巢	倾	卵	覆	角
形	勿	4起	捣	五车	击	舟	连
	药	死	穴	6牙	石		营
六浪	子	回	头	牙			
	七晚	生	后	学			
				八语	重	心	长

习题108

一铜	2围	铁	马	二背	道	而	8驰
1横	三城	下	之	盟	6和		骋
四倒	打	3一	耙		衣		疆
竖	援	劳	五不	约	而	7同	场
卧		永	4德	5不	卧	室	
六旷	世	逸	才	胜		操	
			兼	七杯	酒	戈	矛
八出	其	不	备	酌			

习题110

1乜		4悍		一大	吉	8大	利
斜	二岿	然	不	三动	手	动	脚
四缠	夹	不	清		7大	肝	
帐		5顾			有	火	
2爱	3食	此		6席	可		
五惜	指	失	六掌	上	观	纹	
羽	大	彼	七损	之	又	损	
毛	动	八视	如	珍	宝		

习题 111

一 废	文	3 任	二 武	艺	超	群	■
1 日	2 忍	贤	4 立	■	■	■	■
三 不	辱	使	四 命	运	多	舛	■
移	含	能	安	■	■	7 咎	■
影	垢	■	5 身	■	6 待	由	8 无
■	五 无	忧	无	虑	理	自	地
六 待	时	守	七 分	毫	不	取	自
■	■	■	文	八 天	理	不	容

习题 112

1 方	一 幕	3 天	席	二 地	广	6 人	8 稀
面	■	下	三 蛛	丝	5 马	迹	世
四 大	权	独	揽	■	革	罕	之
耳	五 跬	4 步	千	里	裹	7 至	宝
2 兽	六 寸	步	难	行	尸	死	■
聚	■	莲	■	七 寝	食	不	安
八 鸟	语	花	香	■	■	悟	■
散	■	■	■	■	■	■	■

习题 113

■	一 探	3 囊	取	二 物	华	天	8 宝
1 颠		三 空	心	汤	圆	■	山
四 倒	2 背	如	流	■	6 灯	■	空
黑	井	4 洗	■	五 腊	尽	春	回
白	离	颈	5 声	■	油	7 调	■
■	乡	就	嘶	六 口	干	舌	燥
七 齐	心	戮	力	■	■	弄	■
■	八 耽	精	竭	虑	■	唇	■

习题 114

1 离	一 神	4 完	气	足	■	■	■
群	3 靡	二 美	轮	美	奂	6 粉	7 是
三 索	然	无	味	四 文	过	饰	非
2 居	成	缺	5 无	■	■	太	之
安	五 风	云	际	会	■	平	8 地
思	■	六 不	可	开	交	■	主
危	七 拔	树	寻	根	■	■	之
■	■	■	■	八 深	情	厚	谊

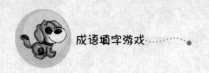

习题 115

	一 百	3 年	大	二 计	出	无	7 耐
1 顺		经	4 各				人
三 天	2 香	国	四 色	如	死	灰	寻
应	消	纬	五 人	浮	于	6 事	味
人	玉		5 等	六 美	玉	无	8 瑕
	殒		闲			巨	瑜
	七 前	车	之	鉴		细	互
八 鼠	雀	之	辈				见

习题 116

		3 漂		一 攻	6 无	不	克
1 平	二 望	洋	兴	三 叹	为	观	止
四 白	驹	过	隙	5 经	而		
无		4 海		验	治		8 革
故	2 哀	五 市	井	之	徒	7 春	新
	感	蜃		六 谈	虎	色	变
七 空	中	楼	阁			满	旧
	八 年	富	力	强		园	

习题 117

1 白		3 盲	4 水	一 四	6 百	四	病
纸	2 吹	人	二 深	山	密	林	
三 黑	灯	瞎	火	四 赏	一	劝	8 百
字	拔	马	5 热		疏		读
	蜡	五 含	血	喷	人	7 发	不
六 抽	薪	止	七 沸	沸	扬	扬	厌
			腾			光	
				八 大	慈	大	悲

习题 118

1 八	一 风	吹	4 草	二 动	如	脱	兔
百	2 挨		菅		5 靠		7 息
三 孤	家	3 寡	四 人	怨	天	怒	事
寒	挨	不	命		吃		宁
	户	敌	五 酒	足	6 饭	饱	8 人
六 普	度	众	生		来		单
				七 大	张	声	势
			八 笔	伐	口	诛	孤

习题 119

1 耳	一 不	4 登	大	二 雅	人	韵	8 士
目	3 沿	峰	5 泥			7 亢	为
三 闭	门	造	四 车	水	马	龙	知
塞	托	极	瓦			有	己
2 无	钵	五 老	6 马	恋	栈	悔	
以			六 放	浪	形	骸	
七 塞	北	江	南				
责			八 山	回	路	转	

习题 121

1 焦			4 普		5 割		7 混
头		3 啧	一 天	旋	地	转	身
烂		啧	同	二 不	求	甚	解
三 额	2 手	称	庆		和		数
	舞	四 赞	叹	不	已	6 微	8 伉
五 不	足	为	六 奇	装	异	服	俪
	蹈			七 不	徇	私	情
			八 相	辅	而	行	深

习题 120

		4 雕	一 出	言	不	逊	
	2 声	龙		二 阳	春	7 白	雪
三 诗	情	画	四 意	气	风	发	8 狗
1 塞	井	凤		6 出		苍	苟
井	3 茂	5 显		五 没	头	苍	蝇
六 焚	林	而	猎	无			营
舍	修	易	七 非	常	之	谋	
	竹	八 见	风	是	雨		

习题 122

	一 狗	3 急	跳	墙		6 好	
1 十		二 公	私	兼	顾	景	
三 拿	2 手	好	戏	5 人		不	
九	脚	义		四 老	生	常	8 谈
稳	干		4 突	珠		7 豁	天
五 水	净	鹅	六 飞	黄	腾	达	说
	七 洪	水	猛	兽		大	地
八 平	流	缓	进			度	

习题123

	一错	3认	颜	二标	5新	立	异
1没		祖	4拔		陈		8暗
三完	璧	归	赵	四世	代	7书	香
没		宗	易		谢	囊	疏
了	2楚	五河	汉	无	6极	无	影
	六才	貌	双	全	目	底	
	晋		七闻	风	远	遁	
八滥	用	职	权		眺		

习题124

一每	2饭	不	二忘	乎	6所	以	
1拿	囊			三梦	见	周	公
四糖	衣	4炮	弹	5宋	略		
做	架	龙		玉	7同		
醋	3双	烹		五东	床	8快	婿
六鸡	栖	凤	巢	墙	异	人	
	七双	管	齐	下	梦	快	
	宿		八沉	吟	不	语	

习题125

一欺	3软	怕	硬	6家			
1为	谈	4升	5仓	二贫	贱	不	移
三富	丽	堂	四皇	亲	国	戚	
不	语	入	出	7老			
2仁		室	逃	朽		8尾	
五至	死	不	渝	六无	伤	大	雅
七义	愤	填	膺	能		难	
尽				八弄	鬼	掉	猴

习题126

	一斩	草	5除	二根	深	蒂	8固
1挤		4肉	残	三镇	定	7自	若
四眉	3来	眼	去			食	金
弄	之	凡	秽			其	汤
2眼	不	胎	五不	6遗	余	力	
中	易		六乳	臭	未	干	
拔				七万	紫	千	红
钉	八垂	暮	之	年			

习题 127

一 三	2 十	而	立	二 心	血	6 来	潮
1 旗	字	■	5 藏	三 批	逆	龙	鳞
四 开	路	4 先	锋	五 登	高	去	梯
得	3 口	见	敛	六 含	情	7 脉	脉
胜	蜜	之	锐	■	■	络	8 不
■	腹	明	■	七 下	回	分	解
■	剑	■	八 爱	憎	分	明	之
■	■	■	■	■	■	■	缘

习题 128

1 丢	一 似	3 曾	相	识	5 英	■	■
盔	2 水	参	■	二 雌	雄	7 未	8 决
三 卸	磨	杀	驴	■	气	雨	一
甲	工	四 人	穷	志	6 短	绸	死
■	夫	■	4 繁	■	兵	缪	战
五 斯	斯	文	六 文	人	相	轻	■
■	■	■	缛	■	接	■	■
七 高	风	亮	八 节	外	生	枝	■

习题 129

■	■	4 脸	5 灰	一 喜	从	7 天	降
■	2 绝	炙	飞	二 男	耕	女	织
三 杳	无	人	四 烟	消	云	散	■
1 分	仅	口	灭	五 水	流	8 花	谢
六 别	3 有	洞	6 天	■	■	花	■
门	利	■	寒	七 红	男	绿	女
户	可	■	地	■	■	绿	■
■	图	八 冰	冻	三	尺	■	■

习题 130

一 相	2 视	而	二 笑	容	可	掬	■
■	若	三 自	4 相	矛	盾	■	■
四 陌	路	相	五 逢	场	作	戏	8 羊
1 胆	人	■	恨	5 势	■	7 来	羔
大	六 大	3 器	晚	七 成	6 人	之	美
八 包	举	宇	内	骑	杰	不	酒
天	■	轩	■	虎	地	易	■
■	■	昂	■	■	灵	■	■

习题131

■	一 哀	4 兵	必	二 胜	友	如	云
1 吹	■	三 精	耕	细	6 作	■	■
四 弹	3 尽	粮	绝	■	壁	■	8 斩
得	善	足	■	五 板	上	钉	钉
2 破	尽	5 漠	六 坐	井	观	7 天	截
涕	七 美	不	胜	收	■	衣	铁
为	■	关	■	■	■	无	■
笑	八 人	心	难	测	■	缝	■

习题132

1 指	2 客	一 急	5 拍	繁	弦	■	■
二 鹿	死	谁	三 手	下	留	情	■
为	他	■	四 称	臣	纳	贡	■
马	3 乡	■	五 快	刀	斩	8 麻	■
六 焚	书	4 坑	儒	6 时	7 老	姑	■
■	难	蒙	■	和	当	献	■
■	寄	拐	七 延	年	益	寿	■
八 纯	属	骗	局	丰	壮	■	■

习题133

一 高	官	3 厚	禄	二 各	自	7 为	8 战
三 古	2 为	今	用	■	■	人	天
■	国	薄	四 百	6 万	雄	师	斗
1 人	捐	4 古	■	古	■	表	地
去	躯	往	5 大	五 流	言	辈	语
楼	■	今	家	芳	■	■	■
六 空	穴	来	七 风	花	雪	月	■
■	■	八 垂	范	百	世	■	■

习题134

一 不	失	2 时	机	4 抱	■	6 爱	■
■	■	过	■	残	■	民	■
1 痛	二 闭	境	自	三 守	5 口	如	8 瓶
四 改	过	迁	善	缺	出	子	沉
前	■	3 叫	■	■	狂	7 不	簪
非	■	五 苦	不	堪	言	可	折
六 暗	室	不	七 欺	世	盗	名	■
■	■	迭	八 安	于	现	状	■

习题 135

	2 现			一 雷	5 打	不	动
二 晨	钟	暮	鼓	三 功	成	骨	枯
1 食	四 不	修	边	幅	一		
五 不	3 打	4 自	招		6 片		8 溃
甘	抱	吹		六 按	甲	7 休	兵
味	不	自			不	明	游
	平	擂			留	盛	勇
	七 生	不	逢	八 时	易	世	变

习题 136

	1 四			3 夸	4 人		
一 沧	海	桑	二 田	父	之	6 功	
三 朝	升	暮	合	追	常	德	
四 公	平	合	理	日	情	圆	8 满
五 开	国	元	2 老	六 高	5 朋	7 满	座
七 气	喘	如	牛		比	腹	风
			舐		为	经	生
八 卖	刀	买	犊		奸	纶	

习题 137

一 嫌	贫	3 爱	富		5 鲜		
1 天	二 汗	如	雨	三 下	车	伊	8 始
四 各	抒	己	见		怒		作
一	五 喜	4 出	望	外	马	7 探	俑
2 方		言			6 进	囊	者
兴		六 不	进	则	退	取	
未		逊	七 空	洞	无	物	
艾				八 割	据	一	方

习题 138

1 鞍		一 发	4 扬	光	大		
二 马	瘦	3 毛	三 长	话	短	7 说	8 理
劳		骨	而		6 养	嘴	所
顿	2 茫	悚	去	四 吊	儿	郎	当
	五 茫	然	若	5 失	防	中	然
六 叫	苦	不	迭	魂	老		
	海	七 沉	鱼	落	雁		
	八 驰	魂	夺	魄			

习题 139

1 爱		一 愁	云	5 惨	雾		8 和
财				二 无	动	于	衷
三 如	醉	4 如	四 痴	人	7 说	梦	共
命	3 若	履		道	古		济
2 忽	即	薄	五 说	6 长	道	短	
六 冷	若	冰	霜	途	今		
忽	离			七 跋	山	涉	水
八 热	血	沸	腾	涉			

习题 140

	2 拍	一 公	5 平	交	易	7 漆	
二 拍	案	而	三 起	早	贪	黑	
1 孔	惊	四 四	平	八	稳	一	8 如
武	3 奇	4 雁	坐	五 簇	锦	团	花
有	货	过		6 大			似
六 力	可	拔	七 山	雨	欲	来	玉
	居	毛		八 如	履	平	地
				注			

习题 141

	2 普	一 丧	4 家	之	犬	6 文	
二 替	天	行	三 道	德	文	章	
	同	3 暗	中			宿	
1 年	庆	箭	落	四 天	王	7 老	子
五 谷	贱	伤	农	5 吴		实	8 骚
不	六 催	人	泪	七 下	里	巴	人
登				阿		交	墨
			八 发	蒙	解	惑	客

习题 142

1 刻	3 承	4 引	一 抱	6 残	守	缺	8 神
二 不	欢	而	散	缺			出
容	膝	三 不	伦	不	类		鬼
缓	下	5 发		四 全	军	覆	没
2 无		五 号	啕	大	哭	7 土	
六 法	外	施	仁			洋	
无		令		七 张	灯	结	彩
八 天	真	烂	漫			合	

习题 143

一 精	卫	填	二 海	5 外	奇	谈	7 滥
1 慎			4 无	三 强	本	节	用
小	2 战	四 驰	名	中	6 外		职
五 事	无	3 大	小	干	柔		权
微	不	家	辈	六 安	内	攘	8 外
	胜	闺			刚		方
七 丰	肌	秀	八 骨	肉	团	圆	内
							圆

习题 144

一 国	3 士	无	双			二 袁	7 安	高	9 卧
	农						于		不
1 时	工			三 瑕	瑜	6 互	现		安
四 移	商	4 换	羽			通	状		席
世		骨		5 深		有			
2 易		夺		五 入	地	无	8 门		
子	六 脱	胎	换	骨		七 三	户	亡	10 秦
而				髓			之		晋
八 食	不	重	肉		九 白	蚁	争	穴	之
						十 投	其	所	好

习题 145

	一 趁	4 热	打	二 铁	板	一	块		9 拥
1 一		气		7 升					政
三 飞	黄	腾	四 达	官	贵	五 人	见	人	爱
冲	3 兼	5 腾		发					10 民
2 天	收	云		六 财	大	气	粗		安
下	七 井	驾	6 齐	驱					国
无	蓄	雾	天		8 文				泰
敌			洪		武				
八 厚	德	载	九 福	禄	双	全			
				十 十	全	十	美		

习题 146

一 燕	3 市	悲	二 歌	功	颂	德	8 远		
1 弄	井		6 应	三 贫	贱	之	交		
虚	之		四 节	外	生	枝	近		
作	徒		合		五 以	毒	9 攻	毒	
假	4 土		拍		六 不	厌	其	详	
	生	5 言					不		
2 喜	土	七 听	其	自	7 便	八 责	备	求	10 全
九 从	长	计	议		宜				心
天		从			行				全
降					十 事	必	躬	亲	意

习题 147

一 荆	棘	3 满	途	二 如	6 雷	贯	耳		
三 胸	有	城	府		四 动	人	心	9 魄	
五 大	煞	风	景	六 高	风	亮	节	荡	
		雨			行			魂	
	2 八		5 兴			8 不		飞	
1 身	面		风			七 遗	文	逸	10 句
无	威	4 不	作		7 煽	巨			比
八 长	风	破	浪	九 和	风	细	雨		字
物		不			点				栉
		立		十 引	火	烧	身		

习题 149

一 卷	甲	3 束	二 兵	不	血	三 刃	迎	缕	9 解
	2 雨	手		6 文					甲
四 垂	帘	听	五 政	通	人	和			归
	云	4 命		残					10 田
	栋	若		锦	7 不				翁
六 束	马	悬	七 车	轨	共	8 文			野
1 瓮		5 丝			戴	山			老
天		竹			天	会			
八 蠡	测	管	窥			海			
海		九 弦	外	之	十 音	容	笑	貌	

习题 148

一 大	2 喜	过	望			6 鬼		9 安	
	二 笑	里	藏	刀		斧		分	
三 赧	颜	汗	四 下	笔	有	五 神	不	守	10 舍
	井					工		己	近
	六 苦	尽	4 甘	七 来	者	不	8 善		求
1 与	3 仙		败				罢		远
八 世	风	日	下	5 世		7 低	甘		
无	道		风	道		三	休		
争	骨		九 催	人	泪	下			
		十 别	出	心	裁	四			

习题 150

	一 人	怕	4 出	二 名	下	无	8 虚		
1 兵		三 谈	何	容	易	7 奇	无		
四 荒	诞	不	五 经	国	之	才	缥	9 花	
马			5 典			异	缈	言	
2 乱	3 牵	六 一	身	两	役	七 能	工	巧	10 匠
七	八 引	车	卖	浆				语	心
八	附		命		6 原				独
糟	会				封				运
	九 求	之	不	十 得	未	曾	有		
					动				

习题 151

一 前	2 因	后	二 果	不	其	然			
	祸		三 成	人	之	四 美	不	胜	10 收
五 患	得	患	4 失						回
	福		之	5 光	六 南	柯	一	8 梦	成
1 江	七 珠	璧	交	辉				笔	命
郎	3 至		臂	灿	6 腾			生	
八 才	高	八	斗	烂	云	7 天		9 花	
尽	无				驾	公		枝	
九 直	上	青	十 云	天	雾	地		招	
						道		展	

习题 152

一 百	无	4 一	二 用	兵	如	神		10 深	
三 持	衡	拥	璇					藏	
	2 暗	而				7 认		若	
四 一	箭	5 上	垛		五 做	贼	心	虚	
1 串	伤	下				作			
通	人	一			六 庆	8 父	不	死	
七 一	3 门	6 心	八 思	妇	病	母	9 将		
气	可	力		九 缓	兵	之	计		
	罗	交	十 一	言	兴	邦	就		
	雀	瘁					计		

习题 153

				5 旭		一 荷	枪	实	9 弹
1 一		二 江	河	日	下				丸
三 表	里	山	四 河	东	狮	吼			脱
人	2 以			6 升					手
五 才	疏	志	4 大	官			8 不		
	间		千	六 发	人	深	省		
	3 亲		世	7 财			人		10 乱
	仁		界	殚	七 无	所	事	事	头
	善			八 力	排	众	议		粗
九 左	邻	右	舍	十 竭	尽	全	力		服

习题 154

1 坐	一 循	途	6 守	二 辙	乱	旗	靡		
无		4 率	株		7 应				
三 虚	位	以	四 待	人	接	五 物	以	群	9 分
2 席		为	兔		不				文
丰		常			暇				不
履	六 长	5 此	以	往			8 南		10 取
3 厚		起		七 万	里	长	征		义
八 此	界	彼	疆				北		成
薄		九 俯	首	帖	耳		伐		仁
十 彼	弃	我	取						

习题155

	1卖			一信	4口	开	河		
	二狗	血	淋	三头	角	峥	嵘	8作	
	悬				四春	秋	笔	法	
五千	羊	之	皮		风			自	9平
			3一					毙	白
六粗	茶	淡	饭			6天	7毁		无
	2小		之		5伤	七老	于	世	10故
八感	恩	戴	九德	配	天	地	一		技
	小				害	荒	旦		重
	惠	十再	作	道	理				演

习题157

		一屋	乌	之	5爱			8今	
二不	2违	农	时		三莫	衷	一	是	
	法		四能	屈	能	伸		昨	
	乱		五揠	苗	助	6长		9非	
	纪	3自				吁		驴	
六不	可	告	七人	穷	志	短		非	
1先		奋	4化	八唉	声	7叹	气	10马	
九见	义	勇	为			为		不	
之	十兔	起	乌	沉		观		停	
明			有			止		蹄	

习题156

1举		4一		一百	家	6争	鸣	8死	
世		言		二强	死	强	活	去	
三闻	2风	丧	四胆	大	如	五斗	水	活	9鳞
名	土	邦				狠		来	次
	人			六凤	毛	7鸡	胆		栉
	七情	不	5可	却	八只	争	旦	夕	10比
	3优		心			鹅			比
九优	游	自	如	十尺	布	斗	粟		皆
	岁		意						是
	月								

习题158

	2不		5是	6心			7地		10根
1同	揣		非	急		一苦	大	仇	深
二甘	冒	虎	三口	口	相	传	物		蒂
共	3味		舌	快	四峨	冠	8博	带	固
苦	己				五举	世	闻	名	
	六瞒	天	大	谎			强		
七三	4心	二	意				9记		
	口				八刨	根	问	底	
	相						之		
	九应	弦	而	倒	十效	颦	学	步	

习题159

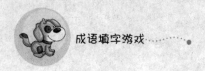

	一 执	法	如	二 山	南	6 海	北		
1 笨		3 借		5 坎		枯			
三 鸟	啼	花	四 落	井	下	五 石	火	风	9 灯
先		献		之		7 烂			蛾
飞		4 佛		蛙	六 判	若	鸿	沟	扑
2 夜	七 另	眼	看	待		披			10 火
八 以	毛	相	马			8 锦			冒
继		九 看	风	转	舵	衣			三
日						玉			丈
			十 八	珍	玉	食			

习题160

	一 大	块	4 文	二 章	句	之	10 徒		
	1 金		期				有		
三 旧	瓶	新	四 酒	肉	7 朋	友	虚		
	落		5 会		比	8 吃	名		
	2 井		少		为	苦			
	底	3 朝	离		奸	五 耐	人	寻	味
	之	阳	多	6 狗	六 积	9 劳	成	疾	
	蛙	鸣		吠	七 原	形	毕	露	
八 吉	光	凤	羽	之		九 苦	口	婆	心
	十 大	吃	一	惊		心			

习题161

一 饱	1 经	3 风	霜						10 寸
	帮	清	二 冠	冕	7 堂	三 皇	天	后	土
	纬	弊	四 池	鱼	堂	燕			尺
	国	4 绝			五 正	本	清	9 源	金
		长	6 置		8 正			远	
	2 无	续	之		中			流	
	孔	5 短	死		下			长	
	不	寿	地		六 怀	山	襄	陵	
七 刁	钻	促	八 狭	路	相	逢			
		九 命	辞	遣	十 意	味	深	长	

习题162

	3 两		6 河		一 以	9 鱼	驱	蝇	
1 以	手		门			二 游	山	玩	水
三 眼	空	四	四 海	7 内	鼎	沸			
还	4 空		口	忧		五 鼎	足	之	势
2 眼	心			外			10 错		
不	架	5 君		六 患	得	患	失		
交	七 子	子	孙	孙	8 遮		良		
睫		之			天		机		
		八 交	相	辉	九 映	雪	读	书	
					十 日	不	我	与	

习题 163

	一 天	各	4 一	方			6 心		
1 了		二 一	路	货	色		安		
三 如	2 天	之	四 福	地	洞	五 天	理	难	容
指	真		5 星				7 得		
掌	烂		移				未	9 得	
	3 漫		六 斗	酒	百	篇	曾	不	
	山	七 十	转	九	空		8 有	偿	10 有
	八 遍	体	鳞	伤		九 少	条	失	教
十 画	野	分	疆				不		无
							紊		类

习题 165

	一 庸	5 中	佼	佼					
1 千	3 常	原			二 鹊	8 反	鸾	惊	
三 乘	胜	逐	北			四 经	世	之	才
万	将	五 鹿	皮	苍	六 璧	合	珠	10 连	
2 骑	4 军					道		篇	
虎	法	6 常					9 空	累	
难	从	备	7 无				穴	牍	
下	七 事	不	师	八 古	往	今	来		
		懈	自				风		
	九 密	不	通	十 风	木	含	悲		

习题 164

一 不	声	不	吭	6 奉	二 低	唱	浅	8 酌	
1 按			5 嚼	公		三 心	如	古	井
部			四 墨	守	成	五 规	矩	准	绳
就	2 木		喷	法				9 今	
班	心	4 从	六 纸	醉	金	7 迷		不	
	石	容	七 一	手	遮	天		如	10 断
	3 腹	自				大		昔	子
八 倒	背	如	流			谎			绝
	受								孙
	九 敌	惠	敌	十 怨	天	尤	人		

习题 166

	1 能	一 无	4 倚	无	二 靠	天	吃	饭	
	文		天					9 证	
三 不	能	自	四 拔	山	举	五 鼎	玉	龟	符
	2 武		5 地		六 功	败	垂	成	
	不		主			7 三		鳖	
	善		之		6 不	谏			10 贯
	3 作		谊		知	之	8 乞		朽
七 力	小	任	八 重	财	轻	九 义	浆	仁	粟
	服				重		得		陈
	十 低	唱	浅	斟			酒		

习题 167

1 事	一 事	在	4 人	二 为	好	成	歉		
不			逢					8 认	
三 宜	嗔	宜	四 喜	笑	颜	五 开	6 山	祖	9 师
2 迟			5 事				川	归	道
眉			出				米	宗	尊
钝			有				7 聚		10 严
3 眼			六 因	人	成	事	蚊		丝
七 光	明	磊	八 落	落	大	方	成		合
如							雷		缝
九 豆	萁	相	十 煎	豆	摘	瓜			

习题 169

一 蚍	蜉	撼	5 树	二 金	蝉	8 脱	壳		
	3 排		大	7 安		三 口	是	心	非
1 意	除		根	然		而			10 思
在	异		四 深	无	浅	9 出			患
笔	4 己	五 东	窗	事	发	六 言	之	不	预
2 先	溺			七 锲	而	不	舍		防
知	己		6 火			逊			
先	八 饥	火	烧	肠					
觉			火						
			九 燎	若	观	十 火	上	浇	油

习题 168

一 峰	1 回	路	二 转	祸	为	三 福	寿	康	宁
	头		4 用				8 村		
四 是	是	非	五 非	同	6 小	六 可	歌	可	10 泣
	2 岸		所		巧		社		不
	谷		5 学		玲		9 鼓		成
	之		而		珑		盆		声
	3 变		不		7 三		之		
	幻		厌		人	七 休	戚	相	关
八 爱	莫	能	九 助	人	为	十 乐	在	其	中
	测				众				

习题 170

	1 口		4 发		5 退				
一 沸	沸	扬	二 扬	长	避	三 短	见	薄	10 识
	目		光		三				途
	2 赤		大	四 难	6 舍	难	分		老
	手				五 本	来	8 面	9 目	马
	空		六 夸	父	逐	日	目	不	
	七 拳	3 打	脚	踢	7 末		可	忍	
八 人	非	草	木		路		憎	睹	
	九 心	惊	肉	跳	穷				
		蛇	十 道	听	途	说			

习题171

	1 假		4 一		6 如		8 出		
	仁		命		花	一 同	类	相	从
二 久	假	不	三 归	心	似	四 箭	拔	弩	9 张
	2 义		西		玉		萃		三
	无		五 尊	师	7 重	六 道	旁	苦	李
七 一	反	常	态		赏				10 四
	3 顾	八 分	而	5 治	九 之	死	靡	它	分
	而			病	下				五
	言			十 救	火	扬	沸		裂
	他			人					

习题173

1 解						一 年	复	8 一	年
衣	2 东	二 度	日	如	5 年			挥	
三 包	藏	3 祸	四 心	力	衰	五 竭	泽	而	9 渔
火	西	国			岁			就	翁
	躲	殃	六 朝	三	6 暮	四			得
七 国	计	4 民	生	八 大	气	磅	礴		10 利
		安			沉	7 孤			令
		物	九 破	釜	沉	舟			智
		阜			十 无	独	有	偶	昏
						浆			

习题172

1 自		3 名		一 如	数	6 家	珍	8 家	
二 求	同	存	三 异	乎	寻	四 常	年	累	9 月
多		实				便		千	明
2 福		五 亡	国	之	音	饭		金	千
孙									10 里
六 荫	子	封	七 妻	5 儿	老	7 小			丑
子		4 独		女		心			捧
		八 一	厢	情	愿	翼			心
九 蒙	昧	无	知	长		翼			
	十 接	二	连	三					

习题174

	3 波		5 海		一 穷	家	8 富	路	
1 少	澜		晏			二 不	可	多	10 得
三 气	壮	山	河		四 7 同	仇	敌	忾	天
无	4 阔		清	6 免	病		国		独
2 力	论			开	相				厚
小	高			尊	五 怜	香	惜	玉	
任	六 谈	不	容	口				9 雅	
七 重	赏	之	八 下	车	泣	九 罪	不	容	诛
					十 引	经	据	典	
								雅	

习题 175

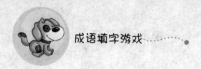

	3 齐	一 如	5 坐	云	二 雾	里	看	花	
1 夜	家		不		7 日				
三 长	治	久	安		不				
梦	4 国		四 席	不	暇	五 暖	衣	饱	9 食
2 多	士				给				子
才	无			6 孤					徇
多	六 双	桂	联	七 芳	兰	竟	8 体		10 君
八 艺	无	止	境	自			恤		子
				赏	九 不	堪	入	目	协
				十 杜	渐	防	微		定

习题 176

	1 枉	一 名	公	巨	5 卿		7 伤	9 诈	
	二 矫	国	革	俗	卿		风	哑	
三 不	过	尔	四 尔	虞	我	五 诈	败	佯	
	2 激				6 我		俗	聋	
	浊		4 罔		行			8 老	
	扬	六 依	然	故	我			马	10 胆
	3 清		若		七 素	不	相	识	大
	灰		八 失	时	落	势		途	如
	冷								斗
九 沉	灶	生	十 蛙	鸣	蝉	噪			

习题 177

	1 水		4 智		一 雾	里	9 看	花	
	来		小	6 迁		二 一	家	之	学
三 桑	土	之	四 谋	臣	武	五 将	本	求	财
	2 掩		5 大	逐			领		
	人		巧	客	7 笨				
	耳		若		手	8 赤			
	3 目		六 拙	嘴	笨	七 舌	战	群	10 儒
	不				脚	烧			雅
八 河	斜	月	落			城			风
九 坐	视	成	十 败	井	颓	垣			流

习题 178

	2 一		5 理		7 如			8 呆	
	门		直		日			若	
一 平	心	静	二 气	血	方	三 刚	毅	木	讷
	3 思		6 壮		升			9 鸡	
	前	四 材	士	练	兵	五 声	色	犬	马
1 熙	想		断			六 收	之	桑	榆
熙	4 后		腕		七 骨	软	筋	10 麻	
八 融	会	贯	通					痹	
融	无							大	
	九 期	颐	之	十 寿	比	南	山	意	

习题179

	1仁		4大		6成		7出		9孤
一智	者	见	二智	勇	双	三全	神	贯	注
	见		若		成		入		一
	2仁		5愚		对		化		掷
	人	四素	昧	平	生				
	志		无					8柳	
	3士		五知	人	之	六明	升	暗	10降
七久	别	重	八逢	凶	化	吉		花	尊
	三							明	临
	九日	上	三	十竿	头	日	进		卑

习题181

		一马	前	泼	7水				
二东	3走	西	顾		天				
三三	马	同	槽		一	四一	字	8千	金
1说	观	4无			色			载	
五一	花	独	六放	刁	撒	七泼	水	难	10收
是		有		6逢				9逢	之
2一		5偶		山				场	桑
了		变		开				作	榆
百	八走	投	无	九路	不	拾	遗	戏	
了	十乘	隙	而	入					

习题180

1百		4各			一酩	酊	大	9醉	
依	二固	执	己	见				翁	
三百	3无	一	失			四一	介	之	10才
顺	地	5词						意	貌
	自	不	五矢	7志	不	8移			双
	容	达	6一	士		山			全
2见		六义	浆	仁	粟	造			
死			十	人	七四	海	九	州	
不			饼						
八救	亡	图	九存	亡	绝	十续	凫	断	鹤

习题182

		3以	一九	霄	7云	外			
1张		人			飞		9鸡		
二良	禽	择	三木	雕	泥	塑	飞		
借		4官	6林		沉		蛋		
箸		样	四栖	风	宿	五雨	打	风	10吹
	2就	文	谷			8月			灰
	地	5章	隐			黑			之
	正	句				风			力
六大	法	小	七廉	远	堂	八高	才	捷	足
		九儒	雅	风	十流	水	落	花	

习题 183

一 千	1 乘	万	二 骑	虎	难	下	5 井		8 胸
	肥						井		中
三 解	衣	推	四 食	不	果	五 腹	有	鳞	甲
	2 轻						6 条		9 兵
六 出	手	得	卢				入		临
	轻				4 不		叶		城
七 小	3 脚	女	八 人	云	亦	云	7 贯		10 下
	不				乐		穿		落
	粘				乎		今		不
九 入	地	无	十 门	不	夜	关	古		明

习题 184

		一 卖	国	求	5 荣				
1 引		二 含	英	咀	三 华	封	三	祝	
四 狼	狈	不	堪		富	6 以	8 人		
入					五 贵	人	多	9 忘	
室			4 千			为	势	乎	
2 公	3 离		六 磨	砖	成	镜	众	其	
七 正	经	八	百			7 泥		10 形	
廉	叛		八 折	戟	沉	沙		迹	
洁	道					俱		可	
	九 一	哄	而	十 上	情	下	达	疑	

习题 185

		一 马	前	泼	7 水				
二 东	3 走	西	顾		天				
三 三	马	同	槽		一	四 一	字	8 千	金
1 说	观	4 无			色			载	
五 一	花	独	六 放	刁	撒	七 泼	水	难	10 收
是		有		6 逢				9 逢	之
2 一		5 偶		山				场	桑
了		变		开				作	榆
百	八 走	投	无	九 路	不	拾	遗	戏	
了	十 乘	隙	而	入					

习题 186

		3 恶			7 千			9 各	
一 醍	醐	贯	顶		二 家	成	业	就	
		满			万			各	
1 教		4 盈		三 比	8 户	可	封	位	
无		篇	5 日	6 出	曹				
四 常	年	累	五 月	落	参	六 横	戈	跃	10 马
2 师		犊	落	参	七 军	法	从	事	不
出			怀	常					停
有									蹄
八 名	下	无	九 虚	心	冷	十 气	吞	虹	蜺

习题 187

	3 波		5 海		一 穷	家	8 富	路	
1 少	澜		晏			二 不	可	多	10 得
三 气	壮	山	河		四 7 同	仇	敌	忾	天
无	4 阔		清	6 免	病		国		独
2 力	论			开	相				厚
小	高			尊	五 怜	香	惜	玉	
任	六 谈	不	容	口				9 雍	
七 重	赏	之	八 下	车	泣	九 罪	不	容	诛
					十 引	经	据	典	
								雅	

习题 188

1 推	4 清								
一 陈	词	滥	调		二 顺	风	8 吹	火	
出	丽	三 死	得	其	6 所		糠		
2 新	5 句				四 见	仁	见	智	
仇	斟				略		米		
旧	字		五 一	视	7 同	仁			
3 恨	六 酌	水	知	七 源	源	本	9 本		10 青
之					共		末		天
入					流	八 压	倒	元	白
九 骨	化	形	十 销	声	匿	迹	置		日

习题 189

一 蚍	蜉	撼	5 树	二 金	蝉	8 脱	壳		
	3 排		大	7 安		三 口	是	心	非
1 意	除		根	然		而			10 思
在	异		四 深	无	浅	9 出			患
笔	4 己	五 东	窗	事	发	六 言	之	不	预
2 先	溺			七 锲	而	不	舍		防
知	己		6 火			逊			
先	八 饥	火	烧	肠					
觉			火						
			九 燎	若	观	十 火	上	浇	油

习题 190

	3 不	一 摧	6 枯	拉	二 朽	竹	篙	舟	
1 漂	服		树		8 孤			9 哗	
三 萍	水	相	逢		云			众	
断	4 十		四 春	风	野	五 火	中	取	栗
2 梗	豪				鹤			宠	
顽	劣	5 如							10 援
不	绅	法	7 吠						古
六 化	为	泡	七 影	只	形	八 单	文	孤	证
		制	吠						今
		九 低	声	细	十 语	妙	绝	伦	

习题 191

1 事	一 事	在	4 人	二 为	好	成	歉		
不			逢					8 认	
三 宜	嗔	宜	四 喜	笑	颜	五 开	6 山	祖	9 师
2 迟			5 事				川	归	道
眉			出				米	宗	尊
钝			有				7 聚		10 严
3 眼			六 因	人	成	事	蚊		丝
七 光	明	磊	八 落	落	大	方	成		合
如							雷		缝
九 豆	萁	相	十 煎	豆	摘	瓜			

习题 192

1 支		一 势	4 不	两	立	6 不		8 各	
二 离	合	悲	三 欢	声	雷	四 动	辄	得	9 咎
破			而			声		其	由
2 碎			5 散			7 色		所	自
心			马			仁			取
裂			休			行			10 弹
3 胆			牛			违			精
五 大	公	无	六 私	心	自	七 用	之	不	竭
包									虑
八 天	下	无	九 敌	不	可	十 纵	横	开	阖

习题 193

1 脉	一 卑	3 不	足	二 道	存	目	9 击		
脉		计	6 冗		7 不	三 玉	碎	珠	沉
四 含	糊	其	五 词	严	义	正	唾		
情		4 数	赘		之		壶		
		往	句		六 财	运	亨	10 通	
七 一	2 叶	知	八 秋	水	伊	8 人		力	
	落	5 来				情		合	
	归	者				世		作	
	根	不				故			
		九 拒	虎	进	十 狼	子	野	心	

习题 194

	3 两		6 河		一 以	9 鱼	驱	蝇	
1 以	手		门			二 游	山	玩	水
三 眼	空	四	四 海	7 内	鼎	沸			
还	4 空		口	忧		五 鼎	足	之	势
2 眼	心			外			10 错		
不	架	5 君		六 患	得	患	失		
交	七 子	子	孙	孙	8 遮		良		
睫		之			天		机		
		八 交	相	辉	九 映	雪	读	书	
					十 日	不	我	与	

习题 195

	一 庸	5 中	佼	佼					
1 千	3 常	原			二 鹊	8 反	鸾	惊	
三 乘	胜	逐	北			四 经	世	之	才
万	将	五 鹿	皮	苍	六 璧	合	珠	10 连	
2 骑	4 军					道		篇	
虎	法	6 常					9 空	累	
难	从	备	7 无				穴	牍	
下	七 事	不	师	八 古	往	今	来		
		懈	自				风		
	九 密	不	通	十 风	木	含	悲		

习题 196

		4 早	6 铁	一 人	穷	9 志	短		
1 以		出	杵		8 武	二 满	腹	牢	骚
三 大	器	晚	成		断	四 气	贯	长	虹
恶	3 穿	归	针		专	骄			
五 细	针	5 密	线		六 横	10 行	不	法	
	引	云				不			
2 利	线	不	7 秋	七 少	不	更	事		
齿		八 雨	后	春	笋	名			
九 能	写	会	十 算	无	遗	策			
牙			帐						

习题 197

	3 威		一 达	官	贵	7 人			
1 纵	风		二 仗	义	执	三 言	之	有	理
四 横	扫	千	军			可			
交	地		5 伯			畏	8 不		
2 错		五 何	乐	不	六 为	非	做	歹	
彩			相				不		10 推
镂	4 人		马	6 娓	七 散	马	9 休	牛	陈
八 金	人	三	缄	娓			戚		出
	自			动		九 咸	与	维	新
	十 危	言	耸	听			共		

习题 198

一 信	3 笔	涂	二 鸦	雀	无	8 声			
1 一	墨				三 争	名	夺	9 利	
四 官	官	相	护			狼		令	
半	4 司					藉		智	
职	马	5 小	五 昼	伏	7 夜	行		10 昏	
	青	肚			郎	六 昏	头	昏	脑
2 肝	衫	鸡	6 绿		自			欲	
七 脑	满	肠	八 肥	头	大	耳		睡	
涂	九 看	破	红	尘					
地			十 瘦	骨	嶙	峋			

习题 199

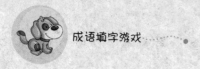

一 百	无	4 一	二 用	兵	如	神		10 深	
三 持	衡	拥	璇					藏	
	2 暗	而				7 认		若	
四 一	箭	5 上	垛		五 做	贼	心	虚	
1 串	伤	下				作			
通	人	一			六 庆	8 父	不	死	
七 一	3 门	6 心	八 思	妇	病	母	9 将		
气	可	力		九 缓	兵	之	计		
	罗	交	十 一	言	兴	邦	就		
	雀	瘁					计		

习题 200

	一 枕	冷	衾	二 寒	6 蝉	僵	鸟		10 大
1 风		4 旁			蜕	三 矜	8 愚	饰	智
四 吹	毛	求	疵		龙		公		若
浪		博		五 节	7 变	岁	移		愚
2 打		考			幻	六 依	山	傍	水
死		七 若	有	若	无				
老	3 摇			5 偷	八 穷	大	失	9 居	
九 虎	尾	春	十 冰	天	雪	地		功	
	乞			换				自	
	怜			日				傲	

习题 201

	3 善	一 千	古	5 独	二 步	步	为	9 营	
1 文	始			辟		三 乌	鸟	私	情
四 从	善	如	流	蹊				植	
字	五 终	4 南	捷	六 径	6 情	直	8 行	10 党	
2 顺		山			不		不	同	
人	七 削	铁	如	泥	自		苟	伐	
应		案			7 禁		合	异	
八 天	工	人	代		攻				
			九 食	肉	寝	皮			
			十 祸	接	兵	连			

习题 202

一 卷	甲	3 束	二 兵	不	血	三 刃	迎	缕	9 解
	2 雨	手		6 文					甲
四 垂	帘	听	五 政	通	人	和			归
	云	4 命		残					10 田
	栋	若		锦	7 不				翁
六 束	马	悬	七 车	轨	共	8 文			野
1 瓮		5 丝			戴	山			老
天		竹			天	会			
八 蠡	测	管	窥			海			
海		九 弦	外	之	十 音	容	笑	貌	

习题203

1 万		一 盗	名	欺	二 世	道	人	8 心	
家	3 灯	4 借				三 大	逆	不	10 道
四 灯	红	酒	五 绿	林	豪	杰		两	山
2 火	酒	浇						9 用	学
中	绿	六 愁	肠	5 九	6 转			武	海
取				死	危			之	
七 栗	栗	危	惧	一	为	7 桑		地	
				生	八 安	土	重	迁	
				九 安	身	之	地		
						十 防	不	胜	防

习题204

	一 含	沙	5 射	二 影	影	绰	7 绰		
	2 吐	三 以	石	投	卵		绰		
四 箪	食	瓢	饮		五 互	通	有	9 无	
	握	六 翠	6 羽	明	珠		8 余	地	
	3 发		七 扇	风	点	火	勇	自	
	人	当	纶				可	10 容	
1 校	深	仁	巾				贾	光	
短	八 思	不	出	九 位	极	人	臣	焕	
十 推	梨	让	枣					发	
长									

习题205

1 不		4 握	一 家	7 破	人	亡			
知		炭		铜	二 人	8 满	为	患	
三 颠	沛	流	离	烂		腹			
2 倒		四 汤	池	铁	五 城	狐	社	鼠	
街		5 十	6 纸			六 疑	难	杂	症
卧		字	上						
七 巷	3 议	街	八 谈	何	容	九 易	9 如	反	10 掌
	论	头	兵				火		上
	纷			十 应	付	自	如		明
	纷						荼		珠

习题206

一 老	1 弱	残	二 兵	不	厌	三 诈	奸	不	8 及
四 剜	肉	补	五 疮	好	忘	7 痛			瓜
六 锄	强	扶	4 弱		6 井	心			而
	2 食	七 再	不	其	然	疾			9 代
	不		禁		有	首			马
	重		5 风		序				望
	3 肉		口						10 北
	山		八 浪	子	回	头			叟
	脯		尖						失
	九 林	林	总	十 总	而	言	之		马

习题207

	1 活	一 刻	画	无	5 盐				8 三
二 乘	龙	快	婿		梅				思
	三 活	剥	生	四 吞	舟	之	6 鱼		而
	2 现		4 家		楫	五 一	目	十	9 行
六 十	世	单	七 传	杯	换	盏	混		不
	现		户				7 珠		履
	3 报		颂				光		10 危
	仇			八 奉	为	至	宝		若
	雪			九 乳	声	乳	气		朝
	十 恨	之	入	骨					露

习题208

1 七		5 王			一 乱	8 首	垢	面	
二 步	3 人	后	尘			尾			
成	亡	卢	7 仆			相			
2 诗	政	三 前	仆	后	继	继		9 惩	
朋	4 息		四 风	烛	残	年		一	
酒	息		五 尘	饭	涂	羹		儆	
友	相	6 入						10 百	
	六 关	门	大	吉		七 岩	居	川	观
八 刨	根	问	九 底	死	谩	生		朝	
		讳				十 山	容	海	纳

习题209

一 以	3 桃	代	二 李	郭	6 同	三 舟	中	敌	8 国
1 日	李		5 压		工				而
四 程	门	立	雪		异				忘
月	墙	4 叶	求		曲				9 家
2 课		落	五 油	光	水	滑			长
嘴		归							里
撩	六 上	根	大	七 器	小	易	7 盈		10 短
八 牙	签	玉	轴				篇		小
	九 蛙	蟆	胜	十 负	俗	之	累		精
							牍		悍

习题210

一 深	3 入	浅	二 出	将	入	三 相	切	相	磋
	不			8 江	9 全				
1 三	敷		6 国	河	力				
四 六	4 出	奇	五 计	日	以	六 待	价	而	10 沽
九	人		民	下	赴				名
2 等	意		7 生						钓
闲	5 外		七 不	分	玉	石			誉
视	感		逢						
之	内		八 时	来	运	转			
	九 伤	风	败	十 俗	不	可	耐		